数字金融革命

THE CRYPTOCURRENCY REVOLUTION

FINANCE IN THE AGE OF BITCOIN,
BLOCKCHAINS AND TOKENS

［英］里安·刘易斯(Rhian Lewis) 著

雷惠超 译

中国科学技术出版社
·北 京·

The Cryptocurrency Revolution:Finance in the age of Bitcoin,blockchains and tokens/
ISBN:9781789665680
© Rhian Lewis,2021
This translation of The Cryptocurrency Revolution is published by arrangement with Kogan Page.
Simplified Chinese translation copyright © 2022 by China Science and Technology Press Co., Ltd.
北京市版权局著作权合同登记　图字：01-2021-2585。

图书在版编目（CIP）数据

数字金融革命 /（英）里安·刘易斯著；雷惠超译
.— 北京：中国科学技术出版社，2022.12
书名原文：The Cryptocurrency Revolution:
Finance in the age of Bitcoin,blockchains and
tokens
ISBN 978-7-5046-9852-0

Ⅰ.①数… Ⅱ.①里…②雷… Ⅲ.①数字技术—应
用—金融业—研究 Ⅳ.① F83-39

中国版本图书馆 CIP 数据核字（2022）第 203425 号

策划编辑	杜凡如　王雪娇	
责任编辑	杜凡如	
版式设计	蚂蚁设计	
封面设计	禾风雅艺	
责任校对	邓雪梅	
责任印制	李晓霖	

出　　版	中国科学技术出版社
发　　行	中国科学技术出版社有限公司发行部
地　　址	北京市海淀区中关村南大街 16 号
邮　　编	100081
发行电话	010-62173865
传　　真	010-62173081
网　　址	http://www.cspbooks.com.cn

开　　本	880mm×1230mm　1/32
字　　数	216 千字
印　　张	10.75
版　　次	2022 年 12 月第 1 版
印　　次	2022 年 12 月第 1 次印刷
印　　刷	北京盛通印刷股份有限公司
书　　号	ISBN 978-7-5046-9852-0/F·1066
定　　价	79.00 元

（凡购买本社图书，如有缺页、倒页、脱页者，本社发行部负责调换）

致 谢

在撰写本书之前，我和很多受访者进行了大量沟通，这些沟通激发了我撰写本书的灵感。我无法一一列出他们，但还是想特别感谢以下受访者抽出宝贵时间给予我意见：蒂娜·贝克·泰勒（Teana Baker-Taylor）、理查德·克鲁克（Richard Crook）、伊登·达利瓦尔（Eden Dhaliwal）、海伦·迪士尼（Helen Disney）、达米安·杜考蒂（Damien Ducourty）、伊恩·格里格（Ian Grigg）、巴尼·曼内林斯（Barney Mannerings）及科林·普拉特（Colin Platt）。我还要感谢丹尼·韦斯顿（Danny Weston）、雷蒙德·米尔扎（Raiomond Mirza）和马丁·吉（Martin Jee），他们的意见启迪了本书的架构。

比特币和加密货币让我有幸结识了几百位行业翘楚，并与他们中的许多人成为知己。在此我要感谢在德国柏林及英国伦敦（以及Twitter^①）所遇到的比特币从业人士，尤其是安娜·库思（Anna Kurth）、克里斯·戴维斯（Chris Davis）、玛格达（Magda）、尼哈·M（Neha M）、宁德（Nind）、阿里（Ali）、苏（Su）、米

_____

① Twitter（推特）是一家美国社交网络服务公司。——译者注

歇尔（Michele）、克森亚（Ksenya），以及Proof of Work部落[1]。感谢与我共同策划CountMyCrypto[2]项目的布鲁斯·托马斯（Bruce Thomas），以及Yoper Souls[3]项目的同事恩里科·马里奥蒂（Enrico Mariotti）、马西米利亚诺·杰拉迪（Massimiliano Gerardi）和吉安鲁吉·达瓦西（Gianluigi Davassi），感恩与他们在Yope和Mamoru的奇妙经历！感谢我在B9Lab[4]优秀的同事们！

感谢Kogan Page出版社的艾米·明舒尔（Amy Minshull）和希瑟·伍德（Heather Wood），他们始终对本书充满信心，在每一步都给予我帮助。我想衷心地感谢我的朋友们，他们虽对本书主题没有那么大热情，但还是容忍我、一如既往地倾听我的想法，尤其是克莱尔（Clare）和阿米莉娅（Amelia）。

最后，我还想感谢神秘的中本聪（Satoshi Nakamoto），他给予我撰写本书的动力。

---

① 意指"工作量证明"。——译者注

② CountMyCrypto 是一家提供加密货币计算及替代性加密货币监控的网站。——译者注

③ Yoper 最开始是一种为电子游戏提供微支付的服务，后更名为Mamoru。——译者注

④ B9Lab 是一家提供区块链咨询和服务的公司。——译者注

当你开启本书的阅读之旅，想更深入地了解虚拟货币，你可能想了解自己的职业将如何利用这项新技术；或者，你想了解加密货币及其他基于区块链的支付手段将会给金融业带来哪些影响。

如果你原本认为比特币是一种利基支付机制，其主要用途为制造勒索软件，那么你可能会惊讶地发现，在比特币诞生的10年后，这种原始的加密货币在部分国家和地区成为一种支付方式——人们可以用它来缴纳税款，一些国家甚至用它来支付养老金，人们还可以通过瑞士火车站的售票机来购买比特币，也可以用比特币来买杯咖啡。

银行和金融机构正在调查比特币底层区块链技术的使用情况，以开发出新型资产类别，同时精简金融流程，提高业内的行事效率。与此同时，脸书（Facebook）公司等科技巨头正在推出自己的虚拟货币，各国政府也争先恐后地计划发行真正有效的、基于区块链的国家数字货币。

随着加密货币及其他形式的数字货币步态稳健地进入主流视野，各行各业的人开始明白，当前的支付和经济领域正在经历一场革命，而且具备这一认知正变得越来越重要。

本书将帮助你理解在几十年前推出的类似创新技术迅速消亡的情况下，虚拟货币风潮却能人气见长的原因。本书还阐述并证明了认为加密货币只是一时风潮的想法是错误的，而这场支付革命会给我们的生活与交易方式带来翻天覆地的改变。

同时，基于区块链的货币也会给个人、公司及监管机构带来全新的挑战。比如，人们可以选择用英镑、欧元、日元、人民币、美元等国家货币以外的支付方式来付款，如果脸书等公司成为某种全球货币的发行者，那么这些公司将会获得额外的权力。

以上这些情况都在提醒我们，过去10年的数字货币革命有一个最显著的特征，即变革速度快。加密货币发行的年份仿佛成了幸运年，而且该领域的创新着实令人眼花缭乱，这意味着人们可能会很快抛弃18个月前听起来还很新颖的想法，接受新理论。小型初创公司凭借其灵活性和快速试错，已经能够熟练地运用这些令人兴奋的新兴技术。与之相反，大型公司往往有着更多的管理层级，他们需要讨好股东，并且希望能与监管机构展开合作，而不是对其发起挑战。

在本书中，你将了解诸如通证化等技术的概念，也会明白私有区块链和公有区块链的区别。我们还会介绍区块链在金融领域中应用的一些案例，虽然这些例子并没有出现明确的附加货币。

人们倾向于分开讨论"区块链"和"加密货币"等概念，好像它们"各自为政"，都是某种神奇的单一实体。但事实上，这些术语融汇了许多相同的创新技术，具有特定的属性。

本书主要探讨数字货币及支付，不会过多地讨论区块链在供应链或投票等方面的常规应用。支付之所以具有重要的地位，是因为互联网改变了人们购买商品和服务的方式，金融科技行业已经跃升为全球最令人振奋且盈利最高的商业创新领域。此外受篇幅限制，本书无法做到面面俱到，只是涵盖个人及公司借助区块链技术进行创新实践的部分领域。

如果你是一位程序员或IT专业人士，想要深入地了解比特币的实际运作细节，那么本书可能并不适合你；如果你对经济学兴趣颇深，想了解比特币是否能成为一种"硬通货"，那么赛菲丹·阿莫斯（Saifedean Ammous）的《比特币本位》（*The Bitcoin Standard*）也许是最佳读物；如果你希望从更深的技术层面了解比特币网络的功能，那么我想向你推荐安德烈亚斯·安东诺普洛斯（Andreas Antonopoulos）的《精通比特币》（*Mastering Bitcoin*），这本书被其读者奉为圭臬。

在本书中，我们既不会教你交易加密货币的方法，也不会诱导你购买品名花哨的加密通证新产品或者向你做出致富承诺。一些发行通证的初创公司言不符实，夸夸其谈，本书可以帮助你拨开云雾，将注意力放在那些重要的事情上。

不过，对于许多人而言，加密货币技术背后的逻辑仍然让人心生鼓舞。因此，我们热切地希望本书能协助你理解去中心化、通证化等技术如此重要的原因，并帮助你了解这些技术与我们当前的金融系统之间存在的根本差异。同时，我们还希望读完本书后，你能够明白这些新型技术的应用对个人、公司乃至整个社会可能产生的潜在影响。

参考文献

[1]Ammous S (2018) The Bitcoin Standard: The decentralized alternative to central Banking[M]. John Wiley & Sons.

[2]Antonopoulos A M (2017) Mastering Bitcoin: Programming the open blockchain[M]. O'Reilly.

目 录
CONTENTS

第一章
什么是货币

比特币等加密货币是一种由加密技术来提供保障的交易媒介，而"交易媒介"只是"货币"的一种藻饰性说法。因此，在理解加密货币的定义，以及其在商业活动和日常生活的用法时，我们首先从哲学层面来思考货币是什么。

这听起来完全是无稽之谈，我们每天都跟货币打交道。就个人而言，我们把货币储存在自己的银行账户；把它交到商家手中，以换取食物、住所、衣服和服务。货币还以馈赠或贷款的形式进行流转，每天价值几十亿美元的货币在商家之间交换。但货币究竟是什么呢?

货币是具象现实的抽象概念，它代表着实物或劳动的价值，其本身并不具有内在价值。英镑或美元本身并无法果腹，也不能用来蔽体或居住，但可以用来换取食物、衣物和住所。

在21世纪，我们已经掌握了这一抽象概念，甚至连小动物都已深谙此道。记得"油管网"（YouTube）上有一个我最喜爱的视频，讲的是哥伦比亚一所大学收养了一只狗，这只狗日复一日地看到学生们走进咖啡店，用纸币来交换食物。有一天，咖啡店的店主惊讶地发现，这只狗一阵小跑入店，想用收集的一片大叶子来"换取"食物。当然了，这只狗最后得到了食物，并且继续用树叶来为它的食物"买单"。

我们也许会被它可爱的行为逗得咯咯直笑，但这只狗的做法和人类祖先的做法毫无区别。过去的几千年，许多物件曾被用来储存我们的劳动成果，从石头、贝壳、珍珠，到纸币、硬币，直至今天我们使用的数字货币。当我们在销售点情报管理系统终端（POS机）等具有交易功能的设备上用借记卡或信用卡完成无接触式支付时，这种方式跟公元前1000年人类祖先用稀有的小贝壳来换取食物的方式毫无二致。

1.1　最初的货币形式

货币历史悠久，以至于我们很难想象一个没有货币的社会是什么样子。如果你无法买到需要的商品，那么就需要自己种植、制造、捕捞或加工所需要的每一样物品，或者找到恰好需要你拥有物品的人，这样就可以跟他做物物交换了。你必须在刚好需要某种物品时去种植、制造、捕捞或加工，因为很多物品都有保质期，无法永久储存。

即使在最原始的狩猎和采集时代，或者早期农耕经济时期，单人或者单个家庭也无法生产出生存所需的所有物品。一个人可能身手敏捷，擅长狩猎，另一个人则可能善于寻找野生水果的来源。据目前所知，早期人类社会通过非正式的方式来交换食物以求生存。一些学者表示，人类随着进化逐渐脱离了游牧的生活方式，演变为定居型农耕生活方式，非正式的物品交换也逐渐蜕变成以物易物的形式，人们开始交换农作物及牲畜，等价交换初现端倪。

我们了解到，以物易物的方式最早可以追溯至公元前9000年，这种经济模式既不灵活，也不方便。比如，一头牛很难被分割，尤其是在它活着的时候不太容易进行分割。又如如果没有复杂的表格来记录多少花菜能交换多少鸡爪或大麦，那么根本没办法搞清楚谁还应"支付"谁什么物品。

货币的用途不断地演化。随着演化，货币很有可能不再是仅能衡量所交换物品的效用（进而衡量其价值）的单位，而是逐渐发展为劳动价值的储存媒介，以作日后使用。因此，货币是一种能让价值随时间延续的手段。如果有人借了你某种物品，那么欠条就是面向未来的一种价值储存形式，能帮助你抵抗将来可能出现的资源短缺或"飞来横祸"。当然你也可以选择种植粮食或收集食物，未来用其中的一部分换取所需物品。毫不夸张地说，如果没有货币，我们现在可能还以小集体的形式生存，需要自己种植或生产所需生活用品。

在过去的几千年中，金属一直是热门的货币材质，因为它经久耐用。早在公元前5000年，有些地区的人们就使用小型金属物件来交换农产品。不过直至公元前1000年左右，金属才在中国成为正式的交换媒介，这种被称为"工具货币"或"铲币"的货币意义非凡，因为它在交换物品和象征性货币之间架起了桥梁。小铁锹等农具一开始仅作为交换物品本身，然后作为象征性货币进行流转，最终失去其原始功能。我们从工具铸造史中也能观察到这一点，一些物品材质坚硬，适用于农业生产，而后出现的体积小、材质轻的物品则专用于货币。

中国并不是唯一一个使用货币来代表真实资产的文明国度。很早之前，苏美尔人（其居住地位于现在的伊拉克南部地区）就有一套基于黏土代币的记账系统。这些黏土代币通常象形地表示所指代的物品，比如，一枚椭圆形的黏土代币代表一罐油。有趣的是，苏美尔人还制作了统一化代币来表示单日工作量。

1.2　贝币

各国早期的货币系统五花八门，进化的路径也不尽相同，想来真是别致有趣。不过，有一种货币形式在各国货币系统中均有体现，那就是贝币。

无论是直接用作交换还是加工成珠宝，贝壳都是一种成熟的货币，甚至进入19世纪，西非的部分地区还把它作为法定货币。同样，印度的部分地区曾将玛瑙贝也作为货币使用，直至19世纪初，这种做法才被东印度公司废止。中国除了使用铲币之外，也曾使用贝币。随着人类跨越重洋，互相交流并进行商业活动，能够被广泛接受的支付方式就显得尤为关键。贝壳至少在一段时间内充当了这一角色。

我们经常能听到一种说法——货币是吕底亚人（他们居住于现在土耳其的西北部）大约在公元前700年"发明"的。以上例子告诉我们，世界各地在同一时期已经使用各种货币。但吕底亚人还是有值得骄傲的地方，他们创造了铸币（即标准化圆形金属代币）的概念。吕底亚铸币上印着狮子或公牛的图案，这代表了它的权威性，且每一枚铸币具有固定的价值。这些金属铸币由国家统一发行，因此可以被认为是世界上第一种由中央来铸造并支持的货币。

金属铸币自然而然地开始在地中海地区的贸易活动中被广为使用，具有特定价值的货币能促进贸易畅通无阻的发展。发行铸币的做法很快得到了普及，到了公元前400年，在古希腊诸多独立的城邦中，超过一半的城邦都在铸造自己的货币，它们通常被用作士兵的酬劳，并开始在民间流通。

除希腊以外的地区也逐渐开始发行金属铸币。由于每一枚金币或银币具有特定的重量，这意味着它们具有内在价值，值得信赖。不同城邦的铸币带有不同的印戳，通常是某种标志，比如某种花或一只蜜蜂。将个人财富留作将来使用的做法引发了一场巨大的社会变革，催生了重商主义及财富积累。不过并非人人都欢迎这样的变革，比如，斯巴达人就有过一场著名的废除铸币运动，并规定铁锭是唯一一种被认可的交易币种。

金属铸币之所以能成为人们广泛使用的交换媒介，是因为其具备货币的五个关键属性：便携性，耐用性，可分割性，可互换性和供应受限性。首先，货币要便于携带（某种程度上如此，当然大量金币或银币也非常重），耐用、不易磨损，可以进行分割（更小面额的硬币随之出现，普通民众可以用它进行小额购买）。货币还具有统一性（可互换），即使依靠人工打造铸币，也尽可能打造得一模一样。货币的供应量也是受限的，不仅受货币发行国的限制，还受材质的限制，必须采用金银等贵金属打造而成。

当然，货币流通还包含着信任因素。商人必须确保收到的铸币不是假币——用非金银等低劣金属制成的、与真币形状相同的铸币。不过人们无须过分依赖铸币的发行国，即使发行国由于一些原因不再存在，金银的基本价值也能保证该铸币的内在价值。

如今，银行的货币是通过字节来表现的。即使我们将货币从账户中取出，它也是以纸币和硬币的形式呈现的，并非金银制品，但这些纸币和硬币具有名义价值。那么，我们如何确信这些纸币或硬币的价值等于其面额，又如何确认它们在未来的可用性及留存的价值呢？比起货币的发明，从贵金属铸币转向基于信任的货币（法定货币）大概是一场更具有戏剧性的改革运动，而围绕这一问题的激烈讨论已经绵延了几个世纪甚至上千年。

1.3 银票与纸币的出现

大约在公元前200年，标准化铜币开始成为中国的官方货币。但在接下来几个世纪，人们发现用它来完成大额买卖很不方便，即使将铜币用线串联起来，其体积和重量较大，并不易运输和交换。因此，商人开始把铜币存在值得信任的个人处，并由后者出具银票，作为商人赎回铜币的凭据。后来这些银票变得可交换，在商人间以非正式的形式流通。

公元1100年前后，一些国家的政府发现了印刷纸币的经济优势，决定发行本国纸币。[1]马可·波罗（Marco Polo）惊奇地发现了这一点，并在《马可·波罗游记》中做了详细记述。中世纪时，本票（Promissory Note）在意大利的商人和银行之间广泛流通，但直至1661年才诞生了由一国政府发行的官方纸币。有趣的是，它并非出现在意大利统治的地区，而瑞典成了第一个"吃螃蟹"的人，不过这仅是一次短暂的实验。我们将在第十二章介绍国家发行的货币时再做展开讨论。从具有内在价值的交换手段（金币或银币）到发行机构发行的权威纸币——这一概念上的飞跃具有重大意义。

1.4 雅浦岛的"石头"

与信任相关的一个有趣的实验发生在密克罗尼西亚联邦的雅浦岛

---

① 中国最早的纸币为交子。"交子"是由政府正式发行的纸币，也被认为是世界上最早使用的纸币，比美国、法国等西方国家发行纸币要早六七百年。——编者注

上。虽然雅浦岛如今也在使用由国家发行的现代货币，但同时也施行另一套货币体系——使用大块石灰岩雕成的、中间有洞的圆盘，其中一些圆盘的体积很大，其重量甚至比一辆车还重。雅浦岛上没有金银，事实上也没有石灰岩，但在几百年前，探险者在另一座岛上发现了石灰岩，并开始往雅浦岛上运输。这一过程既艰苦卓绝又险象环生，而后这些石灰岩被制成雅浦岛的货币。

经济学家热衷于研究雅浦岛及其历史悠久的货币体系，因为这些"石头"的供应量十分有限，而且难以搬动。因此，只要拥有一块"石头"，就能从其他人那里获取商品、嫁妆或其他东西。虽然"石头"未被移动，但其所有权已经变更，且所有的支付记录由岛上居民口口相传。虽然人们看不到这些"石头"，但它们是岛上基于信任的货币体系的组成部分。

根据当地历史记载，曾有一艘运送石灰岩的木船沉入海底，那是本意上的"石"沉大海。幸亏船上的岛民活了下来，这一事件才得以流传。通过口头记述石头归属权的人们集体决定，虽然他们谁都没见过或摸过这块石头，但它肯定是客观存在的，因此，这块石头也加入了货币流通系统，和岛民家门口那些大"石头"一样具有相同的支付功能。

雅浦岛的故事之所以被人们津津乐道，是因为它体现了人有推断和信任的能力。石头充当货币的做法是货币进化的死胡同，因为它不满足货币的大部分属性——它们虽然结实耐用，但不便携带，没有统一标准，也不可分割。但这个故事告诉我们，人们能够接受难得一见或难能一摸的价值依托物这一概念。一旦理解这点，我们就能解开现代金融系统的谜题。大多数人除了考虑自己是否有足够多货币，或者存储货币，其他时候根本不会考虑货币这一概念。

政客往往用最浅显的术语来谈论货币，譬如英国前首相哈罗德·威尔逊（Harold Wilson）在1967年说的那句名句"你口袋中的英镑"。即使在今天，许多人仍笃信黄金是衡量国家货币的标准，他们认为纸币或硬币是贵金属持有者的凭据。

1.5 法定货币与金本位

在过去几个世纪，人类社会见证了商品货币体系、本票体系及如今的法定货币体系。商品货币（金币或银币）本身具有价值，本票（也被称为代用货币）可以用来赎回黄金白银，而法定货币仅仅基于民众对政府的信任。法定货币（来自拉丁文中的法令货币）不一定非得由政府发行，也可以由达成共识的任何物品作为法定货币，虽然在现实中，它通常指的是由政府发行的货币。

各国在不同时期纷纷脱离了金本位制——英国于1931年废止了金本位制，而美国直到1971年才脱离了它。经济学家约翰·梅纳德·凯恩斯（John Maynard Keynes）十分推崇中央管理的方法，即政府能通过发挥印刷钞票这一重要职能，有力地刺激经济活动，并减轻经济衰退。货币发展里程碑见表1-1。

表1-1　货币发展里程碑

货币	里程碑
黏土代币	公元前7500年
中国人的布币	约公元前1000年
吕底亚人的金属铸币	公元前700年
金属铸币广为流传	公元前400年
中国的标准化铜币	公元前200年
中国使用纸币①	公元1022年
英国的符木	公元1100年
欧洲首次使用纸币	公元1661年
英国脱离金本位制	公元1931年
美国脱离金本位制	公元1971年
比特币创世区块	公元2009年

通过无限印钞来推动社会发展或防止经济衰退听起来很美好，但也会带来诸多问题。除非现实中商品及服务的供应量与人们用来购买

---

① 中国最早使用纸币。北宋时期，四川地方政府上奏朝廷建议由政府发行"交子"。宋仁宗天圣元年（公元1022年）十一月，朝廷特设"益州交子务"，自天圣二年（公元1023年）二月开始发行"官交子"，北宋政府正式"控制"交子的发行权。—— 编者注

它们的货币供应量相匹配，否则国家可能因此陷入货币过剩和无法匹配有限资源的困境，这就意味着价格水涨船高，最后出现通货膨胀，商品变得越来越贵。人们会因此沮丧，因为工资是固定的，能买到的东西却越来越少。如此一来，人们会要求涨工资，这进而推高了他们所生产的商品及服务的价格。恶性循环就此形成，罪魁祸首就是政府扩大了货币的供应量。近几年发生了一些恶性通货膨胀的极端例子，比如在2008年11月，津巴布韦的通货膨胀率达到$8.97 \times 10^{22} \times 100\%$[2]，一条面包需要约100亿津巴布韦元（折合人民币约2.8元）。

1.6　德国的恶性通货膨胀

发生在德国魏玛共和国（指1918年至1933年采用共和宪政政体的德国）时期的恶性通货膨胀事件也许是最著名、最典型的案例。当时，政府不顾货币所代表的经济价值而加印货币，导致人民生活迅速失控。想了解那次危机的读者可以阅读亚当·弗格森（Adam Fergusson）的著作《当货币死亡：魏玛德国赤字开支、货币贬值和恶性通货膨胀的噩梦》（*When money dies: the nightmare of deficit spending*）。

德国在第一次世界大战时期的公共开支是完全不可持续的。有人假设，如果德国当年打了胜仗，是完全有能力偿还公共债务的，但溃败后的战争赔偿让德国政府无力偿债。第一次世界大战结束后，德国人民的爱国热情降到谷底，国内出现了物资短缺，进而政府开始印刷钞票。德国政府在战时关闭了股票市场，禁止公布汇率，成功掩盖了货币流通量与实际经济价值失衡的真相。德国马克的剧烈贬值也推升了进口商品的价格。首当其冲的当数工薪阶层，他们发现物价每周，甚至每天都在上涨，货币越来越多，但能买到的商品越来越少。

汇率的下跌极大地增加了战争赔款的分期成本，而战争赔款是以黄金计价的，德国马克兑换美元的汇率从战前的4∶1上升到第一次世界大战后的330∶1。但之后的情况还要严重得多，为了购买用于战争赔款的硬通货，德国政府决定加印马克，这反过来致使马克进一步贬值——1923年，德国马克兑换美元的汇率甚至上升到42 000亿比1。[3]

这不仅仅是个理论问题。战争后德国的粮食价格飙升了30~40倍，而薪资的增长率却低得多。商品一上架就被哄抢一空，因为人们担忧下一周的价格会更高。虽然通货膨胀在一段时间内暂时放缓，但1922年至1923年又气势汹汹地卷土重来，一个四口之家在9个月内的生活开销从370马克上升到2 600马克。当时人们推着满载钞票的独轮车去买一条面包的场景被拍摄下来，并成了标志性照片广为流传。在危机最严重的时候，政府发行了票面价值10 000亿的马克纸币。虽然这场货币危机最终被控制住了，但在当时引发了社会动荡。

此后，类似的货币危机在阿根廷、津巴布韦、委内瑞拉等国家反复上演，似乎当地政府并未吸取大肆印钞的教训——它不仅仅是经济手段，更是将国民置于水深火热的推手。

1.7 银行与系统性风险

货币供应本身并没有引发危机的潜能。在现代经济体中，权力的失衡可能会极大地扰乱金融系统的稳定，同时激起人们对特定政策偏好者的愤怒。让我们看看银行的例子。20世纪80年代，随着英国政府放松对伦敦金融城的监管，英国金融业呈现出一片蒸蒸日上的景象。银行摆脱了古板时代的束缚，不再只是充当普通民众的资金管理机构，它们开始关注证券和大宗商品部门的发展。数学家及计算机科学家团队受雇于银行，他们开发出新型金融工具，用以预测价格趋势和大额对赌，投入的金额是对赌物品原始价格的好几倍。

通常情况下，笃信自由市场的人们都认为放松金融监管是好事，在很多情况下确实如此。但这些大型银行所操纵的对象远远超越了自由市场，只要金融机构手握民众的资金，就能通过机构内部不同业务分支对赌这几十亿英镑，它们也明白不管赌多少都是安全的——这张安全网就是政府。

在英国北岩银行崩溃后（被称为北岩事件），"大到不能倒"一词进入英国民众的"字典"。北岩事件是一次具有代表性的严重失败，这家银行的业务最初植根于小型建筑行业，遵循着为工薪阶层提供住房储蓄的合作公司模式。但随着采取越来越激进的战略,北岩银行变得越发脆弱。事实上,北岩银行提供的服务并不让人感到温馨也不具备合作性。2007年夏末,有关北岩银行深陷金融危机的传言甚嚣尘上,北岩银行内部的氛围已经非常紧张了。银行储户开始感到恐慌,在银行门口排起长队想要取回现金。当时,英国的新闻节目不断地播放警察维持银行门口长队秩序的画面。北岩银行的股价一落千丈,仅在2007年9月14日当天,银行储户就兑换了10亿英镑[5],2007年9月17日又有近10亿英镑被兑换。英国政府这才开始担忧恐慌将蔓延到北岩银行以外。虽然英国甚至欧盟国家的储户都有政府提供的、约85 000欧元或等值英镑的保证金作为保障,但部分银行储户的银行存款远超这个数目,比如那些不断转手房屋的民众。

1.8 现代银行体系的起源

现代银行的运行遵循部分准备金原则,这意味着针对客户在银行的存款,只有极少的一部分留在银行,其余部分则以贷款的形式发放给其他客户。这种做法能有效给市场注入更多货币,并为普遍经济增添更多流动性。这是因为从银行储户的角度来看,存折上的存款并没有减少,而贷款客户也可以使用同样额度的资金(除去银行必须作为准备金留下的小部分资金外)。银行自然能从这种操作中获利,而且能从别的地方募资，并进一步贷款给零售客户，上文所提的北岩银行就是一个例子。在这种模式下，各方都很满意——银行获利，股价上涨，管理层和股东乐享其成；银行储户拿到一些存款利息；贷款人以这些利息为代价，能撬动更多资金，花未来赚的钱买房购车。

从这个常态化操作上可以看出，大多数个人及公司都乐于通过银行来交易政府发行的货币。21世纪的银行远不止让客户用借记卡来支付这么简单，大多数跨国银行都从一系列复杂的金融产品交易中获利。那么银行是如何诞生的呢？

虽然考古学家已在美索不达米亚和近东地区发现几千年前的代币，但直到中世纪现代意义上的银行才出现。当时，意大利北部是世界商业活动的中心，比起农民或贵族，商人是一个更需要银行服务的群体。这些银行不仅借钱给农民，等到丰收时再收回，还会提供代币给商人，这样后者可以与其他城市或国家的商人进行交易。此前，如果商人交易时需要给远方的客户寄送货物，那么他必须相信对方会托人把代币捎回来（代币可能是黄金、白银或其他贵金属），但一些负责送货物的人难免会中饱私囊。因此，早期的银行通过发行支付凭证来提供流动性，这个功能十分具有价值，也很重要，因为它引入了一种为未来储存价值的观念和信任机制。销售商品的商人可以依仗银行的好名声，并确保自己在一定时间能赎回货款。

虽然世界各地风貌迥异，但现代零售银行的运作模式是一致的。

当我们每周使用借记卡或信用卡来购买生活必需品时，所属银行及POS机的验证机制都能证明，该银行愿意代表我们将特定金额的货币转给商店，而商店本质上无须信任我们，它们信任银行即可。

20世纪90年代拥有银行账户的人可能会有印象，当时商店的大多数交易都是以现金形式进行的，当人们的现金不足时需要去银行通过自动柜员（ATM）机或柜台提取现金。但提取现金和刷卡购物在本质上并无区别。银行管理着一本分类账，记录着人们银行账户金额变动的情况。无论是把钱支付给他人或者提取现金，人们的银行账户余额都会减去相应的金额。

银行将所有客户的账户余额信息储存在数据库中，专业的数据中心都有保险措施来抵御网络中断和黑客攻击。那么什么是数据库？很简单，数据库采用有结构的方式来储存数据。"有结构"这个限定词非常重要，因为如果我们事先知道这些信息是以某种特定序列来储存的，那么就能编写出解码这些信息的软件。过去，银行的分类账记录在纸上，采用多种规则来明确谁能在账本上修改客户账户的余额。这些规则可以防止银行职员或潜在诈骗犯修改客户账户余额、再将这些金额添加到自己账户的行为。一般情况下，交易必须由几名银行员工联合署名，早期的银行还会使用蜡封，以确保记录无法被调包。在过去，伪造客户分类账是很困难的，这种方式对大部分"心怀不轨"的人有威慑力，但除了愿意铤而走险的人。

现在，假设这个账本是以电子形式存在的，人们通过笔记本电脑或台式机，来查看账户信息，修改相关信息。当然，银行的账本不会是一张简单的表格，更不会让人随便拿到并修改数据。首先，账户余额的变动不是人工操作的，而是其他软件和分类账进行交互，向银行发起转账或票据支付请求。同时，为了防止火灾、地震等突发事件破坏客户的账户信息，相关信息备份至多个数据中心，这些数据中心位于不同地区。

银行还有一套复杂的验证系统及账户保护来限制特定数据被个人或软件读取。针对如何保障个人的账户安全，每个国家都有自己的规定，能够确保银行等金融机构不会拿客户的存款去做冒险的事。另外，一些权威的国际机构负责监督银行之间的转账交易，以防止洗钱等行为。银行内部也有审计部门来确保操作合规，也会有外部的审计师参与监督，因此大众对银行体系很有信心。

我之所以强调零售银行业的法规框架，是想说明对于在表格上储存并拥有这些数据的银行而言，安全性是最关键的。为了确保数据安全，银行的数据中心防弹防火，配有备份启动器，而备份启动器又配备着自身的备用启动器，并对数据的读取和编写做出详细规定。

这些规定能够保证人们在超市购物时，账户上减少的数额是准确的，账户信息可以实时更新，银行有责任确保能够准确地完成这个过程。我们基于信任来选择银行，进而相信政府和国家的法律框架能确保所选择的银行规矩行事。

我们在上文讨论了恶性通货膨胀所带来的混乱，对此所有国家都心知肚明，固定的货币供应量并非完美，有控制的通货膨胀才是最佳操作。虽然大众可能抱怨商品越来越贵，但只要价格的上升是循序渐进的，就不会引发社会动乱。适当的通货膨胀对国家而言是有益的，方便国家用本国货币来借款，当数年后偿付相同面值的货币时，这些货币实际价值已经降了很多。

我们并不惊讶，英国北岩事件并没有以银行倒闭、数以千计的普通民众损失毕生积蓄而收尾。当时，大多数人对银行的部分准备金制度失去信心，北岩银行的挤兑故事也不是个案，零售银行的悲剧在越来越多的地方上演，实际情况甚至更加糟糕。如果当时的银行都出现严重的公关问题，恐怕整个金融体系需要耗费多年才能重新站稳脚跟。

后来，英国政府决定为散户储户的存款提供担保，银行由国家所有，所有人的存款都能获得保障。英国民众逐渐恢复对银行的信任，大家的生活基本恢复正常。但北岩银行的故事并未就此结束。依靠政府给予的过剩资助，北岩银行将零售部门卖给理查德·布兰森（Richard Branson）的英国维珍理财公司（Virgin Money UK）。

1.9　私人货币和法定货币

我们讨论这些跟加密货币有何关系？在上文中，我们探讨了一些非常重要的事件——法定货币经济、部分准备金体系和一家运营了一段时间的银行，这些帮助我们理解比特币诞生的背景，以及现代经济中信任的关键作用。同时，我们还提到了法定货币。正如雅浦岛的"石头"案例，只要是用于交换商品及服务的物品都可以被归类为"货币"。但现代的司法规定了法定货币准则，明确了使用金融功能时能够使用的货币种类。假设你走进英国某镇的一家超市，试图用兹罗提①、美元或金项链来支付商品价格，店员大概率会拒绝，而且法律也规定了他们有权拒绝，因为英镑是英国唯一的法定货币。

当然，人们有时会基于个人意愿接受他国货币，但前提是达成了大家都能接受的汇率。但如果买家交给卖家的是符合特定价格的当地法定货币，那么法律规定卖家必须接受它。

大部分国家的法定货币是本国货币，不过也有例外。位于欧元区的欧洲国家将欧元作为法定货币（它在所有欧元区的国家具有相同的价值），但部分国家的本国货币不够稳定，它们接受美元而非本国货币，或者两者并行。例如，巴拿马同时接受美元及巴波亚辅币，但其实很多国家都废除了本国货币。厄瓜多尔和萨尔瓦多是少数几个将美元作为法定货币的国家，而摩纳哥、黑山共和国等接壤欧元区的小国则接受欧元，而非本国货币。

---

① 波兰共和国的货币。——译者注

很多国家同时接受本国货币和美元作为法定货币，因此确定一种以上的货币作为法定货币是完全允许且可行的。事实上，津巴布韦在2009年废除了本国货币，接受9种外国货币进行流通，包括人民币、美元、英镑、日元及几个邻国的货币。

如果你不排斥接受非法定货币的行为，那么两个人或两家公司之间是否可以约定记账单位？事实上在几百年前，这种货币曾经非常流行，它被称为私人货币。19世纪30—60年代，曾有过一阵私营公司发行货币的短暂风潮，当时最常见的一种非国家货币是临时货币。临时货币指一种特定的信用凭证，可以由私企出于特定用途发行，最常见的用途是给公司员工支付（或部分支付）工钱。

在19世纪，临时货币及强制员工接受的做法臭名昭著，被视为公司变相压榨员工的手段。比较典型的例子是在一些偏远的采矿或伐木公司，工人会拿到可以交换食物或其他商品的纸质凭证，在公司自营的商店购买商品。由于工人无法用这种凭证在其他地方购买物品，这些公司不择手段地进行垄断，哄抬物价，从酬不抵劳的员工手中赚取更多利益。即使是有信仰的企业家，也会给公司的员工支付临时货币作为酬劳，并限制员工只能在不销售酒的公司商店里进行消费。无论出于何种原因，这样的强制或剥削行为给临时货币招来骂名，它在许多国家被禁止或限制使用。在2008年，墨西哥的沃尔玛超市员工还曾抵制沃尔玛用超市购物券抵付部分薪酬的行为（路透社，2008年）。

不同国家地区对私人货币持有不同态度。在中国香港，有3家商业银行（汇丰银行、中国银行和渣打银行）可以发行港币，居民在取款机上能取到这些钞票，它们同时流通。1863年美国《国家银行法》（*the National Banking Act*）颁布后，美国建立起了美元机制，开始禁止私人货币。在这项法案通过前夕，美国有多达8 000种互为竞争的货币。如果治理不善，也许很多银行和私营部门会自行发行银行券，然后大门一关，溜之大吉，所发行的银行券会变得一文不值。

但和中国香港一样，非国家发行的货币是一个很难消失的绝佳构想，其能否存在本质上还是取决于该货币是否可用，即人们是否会接受它作为支付手段。即使是在法治严格的英国，也有在社群内流通的本地货币。如果某种记账单位仅被特定地区所接受，那么它只会在特定区域内流转，不会直接被交到区域外的公司手中。在英国本国货币中，现已不再使用的托特尼斯英镑和布利克斯顿镑也许是颇负盛名的。但必须理解，这些货币都是与本国货币挂钩的，加密货币也是如此。我们将在后面的章节探讨所谓的"稳定币"。

并非所有货币都和现金一样看得见、摸得着。就像之前提到的贝币和雅浦岛"石头"，能换取商品和服务的东西都可以算作货币，即使不是法定货币也没关系。根据这一更为宽泛的定义，今天在世界各地流通着几百种私人支付手段，包括英国、美国等监管严格的经济体，例如兑换积分、航空里程、出租车抵扣券、iTunes（苹果公司的应用程序）或谷歌商店的代金券、不同商店的礼品券等。这些东西在某种意义上也是货币。如果你对此抱有怀疑，可以想想有些商家并不接受银行转账，他们偏好亚马逊礼品券，或希望买家能购买慈善心愿单上的商品。有些商家发行的商品券甚至跟法定货币长得一模一样！比如印度的一家高级连锁餐厅Dishoom就铸造了自己的硬币（图1-1），一枚硬币等于10英镑，能在连锁餐厅内买单。

图1-1　由印度高档连锁餐厅Dishoom发行的硬币

1.10　私人货币的现代例子

电子游戏一般都有自己的交易货币。《第二人生》的林登币或《部落冲突》的金币都是各自游戏内的闭环式法定货币，在虚拟的游戏世界里流通。虽然各国政府暂时不会赋予这些货币合法性，但这些热门游戏中的经济活动总能进入实际生活中。除了电子游戏的交易货币，最常用的"替代性货币"可能就是兑换积分，它已经存在数十年，它的诞生甚至早于电子时代的开端。比如在英国，"绿色盾牌邮票（Green Shield Stamps）"的人气在20世纪70年代达到顶峰。在接受金融科技理念方面，虽然日本在很多地方落后于亚洲其他国家，但已经形成一种和便利店紧密相连的积分文化。

虽然航空里程等大多数兑换积分仍然是对消费者购物的奖励，但部分商家会提供赚取积分的其他机会。比如有些保险公司的医疗保险计划允许客户用每日步数来兑换电影票、免费饮料或健康零食。实际上，他们支付给用户的并不是本国货币，而是可兑换的积分。如果客户能用10个积分而非5美元来购买一杯咖啡，那么该积分就是一种货币。

当比特币开始成为人们讨论的焦点时，大多数人都迷惑不解，毕竟比特币是一种没有任何有价值实体商品支撑的、完全数字化的概念。在下一个章节，我们将介绍比特币诞生的原因，但我们也想在此指出，比特币并不是首个仅在网络世界流通的货币——"Magic Internet Money,

MIM"[1]也曾被用于现实交易。《第二人生》《魔兽世界》等电子游戏拥有自己的货币，玩家用其在游戏内购买资产，但这些游戏货币有时也会流入真实世界中，模糊了虚拟世界和真实世界的分界。

大约10年前，不少作者在主流媒体发表了不少关于《第二人生》的文章，其中大多数作者并非游戏玩家，但他们描述了游戏中复杂的经济——玩家可以在游戏内购买和开发土地和公司。许多人无法理解在虚拟世界里通过投机来赚取的游戏币是怎么交换现实中的法定货币的。比特币的情况也是如此，分析师和评论员也会质疑："这种支付合法吗？"

但是，林登币、《部落冲突》的金币或游戏玩家使用的其他虚拟货币与比特币等加密货币相比，区别很大，就像加密货币与贝壳或石头的区别一样。这些虚拟货币由一个"中央机构"（游戏公司）发行，其功能与国家发行的法定货币相似，只不过游戏公司可以任意增加供应量。和玩家在游戏内购买的资产相同，这些虚拟货币的所属权归游戏开发者所有，并且也有细则明确规定它们的使用范围。如果玩家违规使用，或者游戏公司决定发行另一种虚拟货币，那么玩家会损失一部分虚拟货币。

跟虚拟货币一样，近10年来还出现了一种新趋势，即部分具有

---

① 意为"神奇的互联网货币"。——译者注

挑战精神的银行和科技公司推出了新型支付手段。西方国家拥有老旧的银行体系，所以在这方面反应较慢。相反，直至2016—2017年，手机支付才在英国、美国和欧洲大陆出现，因而很多人的手机支付初体验是使用比特币，而非通过银行客户端来完成的支付。

在本章中，我们介绍了过去几个世纪的货币及人们对其态度的变迁史。在此背景下，我们将在下一章节探讨比特币的进化史，它是世界上最早出现且最重要的一种加密货币。

参考文献

[1]Fergusson, A(2010)*When Money Dies:Germany in the 1920s, and the nightmare of deficit spending, devaluation, and hyper-inflation*, PublicAffairs. 中文版《当货币死亡：魏玛德国赤字开支、货币贬值和恶性通货膨胀的噩梦》（ISBN 978-7-5046-9637-3）。

[2]Hanke, s(2017)Zimbabwe hyperinflates again, *Forbes*, 28 October. Available from:https://www.forbes.com/sites/stevehanke/2017/10/28/zimbabwe-hyperinflates-again-entering-the-record-books-for-a-second-time-in-less-then-a-decade/#64d126093eed(archived at https://perma.cc/TE9B-R2GB).

[3]Jung, A(2009)Germany in the era of hyperinflation, *Der Spiegel*, 14 August. Available from：https://www.spiegel.de/international/germany/millions-billions-trillions-germany-in-the-era-of-hyperinflation-a-641758.html(archived at https://perma.cc/295H-7JCW).

[4]Reuters(2008)Court outlaws Wal-Martde Mexico Worker Vouchers, 5 September. Available from：https://www.reuters.com/article/mexico-walmex/court-outlaws-

wal-mart-de-mexico-worker-vouchers-idUSN0546591320080905(archived at https://perma.ccJS6Z-G98B).

[5]Wallop, H(2008)Northern Rock customers withdraw £1bn, The Telegraph, 14 September. Available from: https://www.telegraph. uk/finance/281506/ Northern-Rock-customers-withdraw-1bn.html(archived at https://perma. cc/4MWJ-WM9Z).

第二章

比特币的第一个

10年

2008年10月31日，发生了一件可能只有几百人注意的事情，但这件事的意义非常深远。中本聪（他可能是一个人，也可能是一个团队）发布了一份关于数字货币系统技术提案的白皮书。当时，除了极少数加密学爱好者和计算机科学家之外，几乎没有人对此感兴趣。

即使有一部分人被这个想法所惊艳，但也很少有人预见比特币在几年后成为话题焦点，激起"千层浪"。

美国前总统特朗普明确表示自己对比特币没有好感，股神巴菲特则将其称为"烈性老鼠药"。摩根大通的杰米·戴蒙（Jamie Dimon）①也有著名的言论——"如果发现交易员交易比特币，会立刻炒他的鱿鱼"（彼时的摩根大通正静悄悄地开发自己的虚拟货币）。我们将在第十一章中提到，印度政府曾公开表示禁止所有加密货币，其交易或开发都属于犯罪行为。与之相反，时任英国财政大臣乔治·奥斯本（George Osborne）曾拍过一张宣传照——他正在一台（比特币）柜员机上购买价值20英镑的比特币[1]。葡萄牙则是最近几个就加密货币公开发表声明的国家之一，承诺将征收极低甚至为零的

---

① 杰米·戴蒙（Jamie Dimon），于1956年出生，是美国摩根大通的首席执行官，全球500强最年轻的总裁，被称为最令人敬畏的银行家。——编者注

税金。

那么这到底是怎样一项能让公众出现两极分化评价的创新呢？比特币只是一种公开且免费的软件，当我们下载并运行该软件，它能加入点对点网络，允许世界各地的人们完成转账，参与者不需要信任银行或其他金融服务公司。网上存在价值几十亿美元的比特币，全球各地的居民每天都储存或转移价值几百万美元的比特币。这个网络不归任何人所有，也不向你做出保障货币安全或恢复丢失货币的承诺。也就是说，比特币没有首席执行官！

值得注意的是，这一行行保障货币在世界各地安全传输的代码是由几个程序员自发开发的，他们对此不收取任何报酬。而银行的网络则需要数十万人进行开发和维护。

我们可以想一下，大型公司都拥有庞大的数据中心，需要聘请安全团队，并花费几百万美元来保护客户及公司的数据。即使如此，还是有客户的账户遭到黑客入侵，以至于失去资金、生活、名声、身份，乃至生命。回想一下过去5年内，艾可菲（Equifax）[①]、脸书、万豪国际集团、大英航空、美国人事管理办公室（OPM）、孟加拉国银行（Bangladesh Bank）都曾受到黑客入侵，孟加拉国央行的损失超8 000万美元。反观比特币，没有人会在会议室中讨论是否在比

---

① 艾可菲是一家美国的信用报告和公司解决方案供应商。——译者注

特币防盗上花费几百万美元，也没有人会聘请高级安全工程师来分离、保护或隐藏宝贵的数据。没有人对源代码做隐藏和防窥处理，也没有人会将代码数据库的读取权限仅设置为开发人员。

除了2010年在代码修复之后发生的一次网络硬分支事故（是指网络分成两条不同的网络，更多信息请见第八章）以外，自诞生以来，比特币未曾出现遭到黑客入侵的情况。这听起来似乎不可思议，但事实就是如此。比特币不需要任何组织、法律、隐私数据中心或防火墙的保障，自身代码足够为它保驾护航。这背后的原因有很多，但我们只探讨其中3个：透明性，分布式和数学原理。在此我们先探讨前2个，后文中我们再讨论第3个。

（1）透明性。正如在前文提到的，过去的公司会隐藏源代码，因为黑客对系统运作模式越了解，越容易入侵成功。这听起来很有道理，但也意味着消费者及监管部门不得不信任银行开发软件的工程师们具备专业知识。但比特币（以及其他开源的加密货币）推翻了这一点——如果所有人都能实时查看网络上发生的所有交易，也能够检查代码，甚至自己编写代码，那么该网络就可以一直被世界各地对此感兴趣的人们所监管，而并非只由公司的几名工程师进行管理。

（2）分布式。分布式（或称为"去中心化"）是比特币网络的关键因素。在银行等传统网络中，即使做了安全备份，信息也都储存在集中的地方（这听起来是数据保护的最佳方案），但万一数据被复制为很多份，保存在不同地点的多个人手中呢？我通过谷歌电子表格来进行说明。当然，这是一个有瑕疵的示例，谷歌电子表格毕竟只能保存在统一的地方，即谷歌的云端基础设施，而且允许有权限的人随时修改。因此，谷歌表格和比特币之间还是有本质差异的。不过，这个示例在某种意义上还算贴切。

假设你生活在某个小镇中，镇上居民每周都必须上交部分现金，传统的做法是由出纳收齐现金，然后在纸质账本或电子表格中进行记录。我们再假设，这个小镇决定使用谷歌电子表格来完成记录，所有居民都能看到账目的变化，那么对出纳的信任将不再是必要条件。当然，如果出纳意图不轨，他还是可以冒充他人名义从银行账户或收齐的现金中挪用资金，但至少账目是透明的，记录着各人上交的金额及时间，即使发生资金挪用也能很方便地赔偿受害者的损失。

比特币等公有区块链也遵循着透明性及分布式的原则，任何人都能看到公有区块链发生的任何交易，无论他们身在何处，只要拥有区块链副本或登录区块链网站就能做到这一点（稍后将进行更详细地讨论）。与上例中的谷歌电子表格一样，公有区块链列出了网络上某个特定地址进出的交易。一个人可能拥有许多地址，所以不好用银行账户来类比，但还是可以把这些地址想象成一个银行账户或一个钱包。实时更新账目可以显示与每个地址相关联的价值，让网络知道是否能将一部分价值从一个地址转移到另一个地址，或是否还剩余足够的资金。

2.1 灵活性与高度可用性

分布式的好处不仅是允许人们查看已经生成的数据。与那些位于一两个地点的数据中心不同，比特币是一个位于世界各地、由成千上万台计算机组成的网络，这些计算机由不同的人所有，具有极高的灵活性和可用性。

那么灵活性和可用性是什么呢？众所周知，计算机可能发生故障，软件可能出现程序错误（bug），或者断网及软件运转不灵。公司可能会受到来自黑客或青少年恶作剧式的攻击，他们想要扰乱公司运作、窃取数据或破坏计算机网络；数据中心大楼等基础设施也可能受到地震、雷击、洪水等自然灾害的破坏。

有时暂停使用软件是按计划执行，其目的是进行软件升级。相信手机软件或银行网站都曾提醒过你，由于系统维护，某些服务在特定时间段暂停使用。有时，这样的暂停时间比计划的更长。2018年，电话银行系统（Telephone Banking System，TBS）的工程师数据迁移失败，造成用户在长达一周的时间内无法登录账户[2]。这是灵活性和高度可用性的反面案例。

为了更清楚地理解这一点，我们还可以想象，虽然一台计算机很容易被成功攻击，但是如果分布在10个国家的10台计算机，甚至100台、1 000台计算机呢？运行比特币的计算机数量会随着用户人数而浮动，但大约会在10 000台。人们可以在各种网站上看到接入比特币网络的计算机位于在何处。

几千台计算机运行同一个软件并保存同样的记录，这个办法听起来能够解决所有记录混乱。但我们怎么才能互相达成协议，又如何防止不轨之徒篡改记录、虚假交易、在账户中填写不义之财呢？数学是唯一答案。老式会计师事务所在客户签署文件后，将它们放进信封内，再把一捆信封塞进一个更大的信封，用蜡封防止篡改。比特币也是如此，每一笔交易都与前一笔交易绑定，需要大量的算力才能进行更改。一组交易被打包到一个区块中，该区块与前一个区块绑定，连成一条区块链，用户可以追溯该区块链的形成日期及第一个区块。将各区块以这种方式绑定需要大量的算力，但这个机制能让我们确信所有账户的余额确实存在且准确无误。

大量算力的使用成本（具体来看就是电力）是非常高昂的，除非有人认为这个过程对其有特殊意义，否则几乎没人会这么做（也有一些具有无私奉献精神的个人或组织认为，具有全球性且防止审查的货币十分关键，所以愿意自掏腰包）。因此，作为补偿，公有区块链网络通常对该记录过程给予某种奖励，这个过程被称为"挖矿"。

2.2 单一数据源

在比特币出现以前，人们必须通过银行来使用电子现金，因为这是可以确保这部分额度转给自己而非他人的唯一方法。如果你拥有一张美元纸币、一枚英镑硬币或欧元硬币，那么你知道它具有特定价值，并且（只要它不是伪造的）没有人手里会有同一张纸币或一枚硬币。

这里涉及所谓的"重复消费"的问题。打个比方，爱丽丝转给鲍勃一笔具有特定价值的电子现金，那么鲍勃如何知道爱丽丝此前没有把它转给别人或者已经将这笔钱花掉了呢？通过网络上几千台计算机都在实时记录爱丽丝发款地址的贷记或借记，比特币能很好地解决这个问题。你可能注意到我的表述不是"爱丽丝的地址"，因为比特币地址跟银行账户不同，不是一对一的关系。

我们把这些由所有接入网络的计算机共同维护的共享记录称作"单一数据源（Single Source of Truth）"。想象一下，如果一个月或一年后所有支付的数据突然被重写或抹去，那么将会发生什么样的混乱。我们必须确保这不会发生。因此，区块链上只有一两台计算机来记录交易是无法接受的，任何一个比特币地址向另一个地址的转账都必须在链上广而告之。

我们在超市购物时，刷卡付款也是通过网络来完成资金转移的，只不过款项的目的地是银行网络。但比特币交易时，款项目的地是比特币网络，交易数据进入一个未经确认的交易池，区块链上的其他计算机抓取该数据并存在一个区块中，写入自己版本的区块链历史。但该交易数据加入健全的区块链并成为一条比特币交易记录之前，链上所有节点会验证这笔交易是否有效。只要这个交易保存在已被"开采"的区块中，且这个区块已经被足够多的"矿工""开采"并得到了验证，那么用户有理由确定这个交易是永久的。

　　交易的多重验证对习惯了传统银行业业务流程的人而言，看起来效率很低，令人焦躁，毕竟银行可以立即告诉客户其账户里是否有足够的资金来完成交易。但这种效率的牺牲能确保区块链的安全性。如果几个毫无关联的独立实体能确保某笔交易符合区块链的共享历史记录，那这个交易必然有效。

2.3　比特币与银行的服务费用对比

　　使用区块链这种高度安全且全球共享的网络需要多少钱呢？请记住，我们可以给世界上任何人发送比特币，即使这个人没有银行账户。答案很简单，银行一般会向我们收取一定比例的手续费，但比特币交易的服务费不是固定的。银行收取的费用用于确保账户的安全性和转账给收款人，比特币"矿工"收取的少额费用则用于保存区块链的实时记录。

那少额具体是多少呢？首先很有意思的是，交易服务费与交易价值没有直接联系，交易服务费仅等于这笔交易加入交易队列、等待存入区块并被"开采"的费用。比特币"挖矿"软件根据各种条件从未经确认的交易池中抓取某笔交易，其中一个条件是把这笔交易保存在区块中的行为可以带来潜在利润。因此，服务费越高，交易越具有吸引力，这也是合乎情理的。终端用户通常使用电脑或手机上的钱包软件来进行交易，钱包将会计算目前在一定时间内完成该交易所需的默认服务费。如果你想实现极速支付，可以提高服务费。

虽然交易服务费此前曾出现过极速提升，但如今的服务费通过计算机进行计算，费用可能低至几美分。比特币交易额度没有上限，服务费也不设限制。2019年9月初，出现一笔不到10亿美元的交易，转账人仅支付了690美元的服务费。在需求高涨时，交易服务费可能更高，但有趣的是，它与交易的价值无关，与交易量的规模［单位为字节（B）］有关。

因此，从英国把几百万美元汇到博茨瓦纳或印度尼西亚某个离银行很远的地方，交易服务费可能只需要几美分（如果此时链上需求旺盛，这个数字可能增至几美元）。许多没有银行账户的人需要通过西联或其他汇款公司来完成交易，这些汇款公司的服务费高达30%，相比之下，比特币等公有区块链的优势立显。

那么比特币地址上的余额如何得到保障呢？在区块链的术语中，签名被称为私钥，你可以把它看作一种特殊的密码。私钥不是独立存在的，它和公钥一一对应。这不是一个全新的概念，在过去几十年间，科技领域的工作者一直借助它来验证身份以进入特定的系统。私钥是一长串随机的字母和数字，比如"L5bUo3o6djwoC9hmk6toc8hJnjzq1aecJHQsBpffjKD3QrXTTYzA"，这是一条真的比特币密钥，只不过还未经使用。

你可以把公钥告诉其他人，这样他们可以通过它给你转账，但他们无法得到对应的私钥。就像在现实生活中，把家庭地址告诉其他人并不代表他们可以闯进你家。当然，如果你使用的是与区块链网络进行交互的手机软件、网站或其他设备，私钥储存及签名这一过程可以在后台完成。

2.4　密码朋克及其愿景

现在我们已对区块链的原理和优势有了基本了解，那么再来详细地了解下加密货币。比特币的周围围绕着太多的神话，有时很难区分事实和虚幻。在实际工具及框架出现之前，已经有人从崛起的互联网与其他革新技术中窥见了加密货币的可能性。

早在20世纪80年代，有人对未来网络进行展望，畅想互联互通的互联网时代会是什么样子。威廉·吉布森（William Gibson）的《神经漫游者》（*Neuromancer*）三部曲就是一部描绘了当时人们畅想未来的科幻小说。当时的科幻小说读者认为这样的技术肯定会出现。那个时代，计算机有一个房间这么大，数据处理依赖穿孔卡；手机还没出现；虽然大学里有拨号电话，直到20世纪90年代它才开始出现在家庭中；计算机与现在相比落后很多，比如，载人飞船的"阿波罗"号飞船上所用的计算机，其处理能力还不如如今的智能手机。在20世纪60年代末，出现了第一台银行自动柜员机，甚至80年代，人们通过银行柜台提取现金、使用现金或支票进行付款都很常见。因此，在这个背景下设想一个电子支付的世界，可以说是一个革命性的构想。

20世纪80年代早期，一位名叫大卫·乔姆（David Chaum）的计算机科学先驱发表了一篇论文，提出了一种新型数字签名技术来保护电子支付的安全机制[3]。为了进一步发展数字签名技术，并将其实现商业化，乔姆创立了一家公司DigiCash，不过在愿景实现之前，他便离开了这家公司。乔姆的突破是解决了所谓的重复消费问题，他的论文首次提到，可以发明一种以电子形式存在的货币，它可以像现金一样被用于购物，而且可确认其真正的归属者。

乔姆设计的电子货币体系更像是一种受保护的现金替代品，可以作为银行系统的补充。虽然这种想法是前无古人的，但仍然需要银行和监管者的参与，将其纳入金融体系，然而，荷兰中央银行对此持有不同意见，也意味着乔姆的构想无法实现[4]。有人认为，也许荷兰政府并不希望将这种能增强隐私保护功能的强大加密工具交到普通民众的手中。

但是，通过加密技术将个人电子身份和隐私的控制权交给个人这一想法让一群人激动。该想法的歌颂者被称为密码朋克，他们将乔姆最初的构想逐渐演变为一场运动。1992年出现了密码朋克邮箱联系表。密码朋克是一个宽松的个体联盟，他们比其他人早几十年预见如今出现的数据隐私问题。

人们经常用现实生活中的钥匙和锁来比喻加密概念（这一用法非常广泛，已成为谈论该概念时的常用说法了）。加密者并不是把一条信息放入实际的保险箱里，而是将它转换成无法读取或理解的代码，只有密钥持有者才能完成这个转换（解密），并将其恢复到可读状态。这就像有人给你寄了一份用隐形墨水写成的文件，只有具备让文字现形的药水，才能读取信息。

很多类型的加密都包含一对密钥——公钥和私钥。这不是随着比特币的出现而产生的新鲜产物。自从菲尔·齐默尔曼（Phil Zimmerman）于1991年开发了完美隐私①（PGP，Pretty Good Privacy）

---

① 加密工具套件。——译者注

以来，计算机科学家们就一直在使用这种加密工具或工具套件。每对密钥由一个公钥和一个私钥组成，基于非对称加密进行加密。公钥被人所知不会带来安全问题，因为他们无法通过公钥来得到私钥，所以无法获得准确的私钥。这就像烤完蛋糕后，无法从蛋糕中提炼出和原来一模一样的鸡蛋了。

SSH密钥对如图2-1所示，密钥有多种用途，比如可供程序员访问来修改代码。

```
-----BEGIN RSA PRIVATE KEY-----
MIICWwIBAAKBgGBB8EMGiSJgvkznlm86C/1Cr2QS+v3CJIfNcKkZLS82n62TBo7I
naKmDGH4/JYyQl31gwncjPDuR8j19n6bZoHMyfgocpA3Rwh0n2YMe375XHgj63a0
w+/nKaHQ2R3HgU6h/dJXnnNcYJjYbQ1byRYCsF7ZHAqkXmkEZQiek0MlAgMBAAEC
gYAGKhLd5/w+RF3LhQVASEJeTLf4u7JxL86xF7oASkl3fZMKRaEk4boeoW2nll9w
evV/GOr0Zbhs8YWNXBsWDpOo5f92P3AU98bLNMCM7PkDt5R+NqfOxBpeTPta9VO6
JdybEdLP1j431z04grTecuulVcbxlVfAddKxzyns90LLPQJBALeDyLWhYHhGKusR
oNRXyOJqmRMfUqQBl8zg+/3oD6ut1mlzNEY1W2ldtm5GOPqOo4x6CwW/5sFs76VV
j6IKAMsCQQCGRxXWGTKuu2RdtmnQwUhh9P6nB3bXqRfmNtcwaBcZpS2QX9WSK2vw
7NWcJSxZSwW9vlOQbUrEUFhhk9NunP3PAkAqvS9eValhAL54FpftPDCVwpu5316g
wX8z9OXblVOc+RRntGMlQsHwnNji38nfWJ7wVXABu8qjG5rlV5/m7gt3AkBcsx6E
HAk9T+IOOOx8TbNmzPgw35pP8FCrghi1NmccMUhvb3nF22w9e4NMtO0VCBICmC6g
epMvTDh3xNlmfwNJAkEAtu8/JbowPYEnr0QKXfNO2DWM1FNLtruRJ8UR1t3CbqNe
/QAZds8lnJE085CpiNoBW4wftiCYpkVpcatqJNK1rg==
-----END RSA PRIVATE KEY-----
```

（a）私钥

```
-----BEGIN PUBLIC KEY-----
MIGeMA0GCSqGSIb3DQEBAQUAA4GMADCBiAKBgGBB8EMGiSJgvkznlm86C/1Cr2QS
+v3CJIfNcKkZLS82n62TBo7InaKmDGH4/JYyQl31gwncjPDuR8j19n6bZoHMyfgo
cpA3Rwh0n2YMe375XHgj63a0w+/nKaHQ2R3HgU6h/dJXnnNcYJjYbQ1byRYCsF7Z
HAqkXmkEZQiek0MlAgMBAAE=
-----END PUBLIC KEY-----
```

（b）公钥

图2-1　SSH密钥对

若要授予他人代码使用权限，网络开发人员可以毫无顾虑地交出公钥，只要不透露自己的私钥（私钥储存在被授权人的计算机）。当被授权人访问代码库时，输入的不是密码，而是公钥，只要公钥和计算机的私钥相匹配，被授权人就能进入代码库。由于人都有懒惰倾向，在设置密码时不一定遵循最佳准则，因此密钥比用户名和密码的安全性更高。

2.5 复式记账法与三式记账法

加密的作用当然不仅仅局限于让我们访问计算机代码库或简单地验证身份，它还可以通过一个被称为三式记账法的系统来验证记录并生成时间戳。让我们先回到第一章中提到的15世纪商人案例。当我们谈论改变世界的创新成果时，往往偏好在现实生活中能切实看到的东西，比如蒸汽机、单翼机和宇宙飞船。但有一项革新技术于15世纪出现并得到发展［这是由现代会计之父、数学家卢卡·帕乔利（Luca Pacioli）于1494年所记录的，但实际上并不是由他创造的］，促使资本主义传播到意大利北部的城邦之外，并催生了现代商业。这项革新技术就是复式记账法，每笔交易至少分别记录在贷记和借记两个不同账户中，且两者的金额是相等的，因此总贷记等于总借记。

金融密码学家伊恩·格里格（Ian Grigg）对复式记账法的解释具体如下。

复式记账法创造了一种新方法，你能借此追踪交易并识别错误及造假行为。单式记账法无法区别记账错误和造假行为，所以会计便有机会偷偷挪用资金……如果使用单式记账法，一家公司的规模可能只有一个家庭一样大，因为你只敢通过被信赖的家人来记账。但有了复式记账法之后，你就可以聘请专业的会计来打理财务，因为所有的错误和作假行为都是可以追踪的，能确保会计恪尽职守。

人们认为，复式记账法促进了大型贸易商行——15世纪在意大利城邦的崛起。当业务量扩展到一定规模时，记账对于管理这样的业务而言至关重要，正是因为有了复式记账法，那些交易网络才得以增长。

格里格在20世纪90年代发明了李嘉图合约，并因此而闻名（李嘉图合约是一种人们可以阅读的合约，用于定义计算机编写的相关智能合约的意图）。他还提出了三式记账法（三式记账法是在复式记账法之外，增加第三套账本，即一个独立、公开的交易账本）。虽然三式记账法脱胎于李嘉图合约，但直到2004年，格里格才恍然明白李嘉图合约的真正意义，他讲道："我躺在床上长时间思考密码学加密条目的本质和影响，事实上，记录就是交易，忽然间我茅塞顿

开。"2005年，格里格发表了自己的论文《三式记账法》[5]。他解
释道：

　　当你和一方进行交易时，三式记账法能从所有的分录条目中抓取
其中的一条，采用密码学对它进行加密。

　　你希望有一位诚实的第三方也保存有一份分录条目来帮助你解决
可能出现的纠纷。而你手里也有相同的一份分录条目，它经过密码学
加密，由你、交易方和第三方各自保存一份。三重分录的魅力就在于
微观层面上确保了"我看得到你看到了什么"，理查德·根达尔·布
朗（Richard Gendal Brown）如是评价。

　　现在我们有了非常准确的记录，也有能力开始在公司之间共享交
易记录。也就是说，我们现在可以在公司之间进行更加稳定地交易，
而且也可以进行自我审计。由于公司之间具备较高的证据水平，你可
以跟他们进行更进一步的合作，因为数字永远不会撒谎——第三方公
司也保存相同的分录条目，以防止记录被篡改。

2.6　比特币白皮书

　　中本聪发表了比特币白皮书《比特币：一种点对点的电子现金系
统》（*Bitcoin：a peer-to-peer electronic cash system*）已经被人们多

次解析并再版[6]。比特币白皮书以简洁和优雅著称，没有令人难以忍受的夸大其词和过分炒作之嫌，中本聪在比特币白皮书中介绍了一种超前于国家监管或脱离银行控制的全新货币系统，这是一个宏伟的愿景：区块链网络上所有的金融交易记录将复制到无数台参与区块链网络的计算机上，并且任何人只要拥有一台计算机就能参与其中。相应的代码并公之于众，因此所有人都能对金融交易记录进行分析，寻找安全漏洞并运行这个代码。而代码不属于任何人。

中本聪的想法必须依靠某种激励政策才能行得通。若没有任何奖励回报、仅凭一腔热情就愿意下载并运行比特币软件的人屈指可数。而且如果仅由一小部分狂热爱好者来维护区块链网络，那么这将形成一个中心化的系统，就像一个小型中央银行。在比特币最初的构想中，区块链网络将由那些想要通过该网络进行转账的用户来运行和维护，这些用户不仅有责任保护好账户的访问权（防止私钥被窃取），还必须保存一份组成比特币区块链的交易记录，并验证新的交易。他们完成这些工作会得到通证①（Token）奖励，这种通证就是区块

---

① 通证是以数字形式存在的权益凭证，通过加密技术、共识规则、智能合约、应用目标等建立起来的集货币属性、价值属性、荣誉属性、安保属性、确权属性等多种属性于一体的区块链凭证。从广义角度，按照属性维度，通证可以分为：价值型、收益型、权利型、标识型。狭义来讲，通证即数字货币，token 即代币。按照资产属性不同可以分为：币、平台、应用、实物资产代币化。——编者注

链的原始货币，被中本聪称为"比特币"。

我们可以理解，比特币白皮书的发表在密码学界引起了一阵骚动，而且据推测，这件事在负责监督这些对话的政府官员中也引起了一些波动。有人甚至认为，比特币可能是藏在暗处的政府机构所发明的产物，它从一开始就是一种"特洛伊木马"。

神秘的中本聪与区块链网络的贡献者及合作者之间的讨论仍在持续，并于2009年1月3日宣布区块链网络的诞生，打造了第一个比特币区块（创造区块）。虽然至今无人揭开比特币创始人的"真面目"，看来中本聪想要明确这种新型货币背后至少一个目标。他把英国《泰晤士报》2009年1月3日当天的头版头条新闻加密到创世区块，该头条新闻的标题为"财政大臣即将对银行实施第二轮紧急财政援助"。

这一头条新闻不仅被嵌入由实时比特币区块链首个节点所验证的首个交易区块中，并且向世界传达了一个信息——现在诞生的这种货币不像银行系统那么脆弱（银行系统在2008年差点造成灭顶之灾），它能够脱离银行体系来独立使用及维护。

当然，中本聪在创始区块中所传递的信息并没有立刻被接收。直到2009年1月11日继中本聪之后、世界上第二个挖出比特币区块（即78号区块）的人出现，他就是已去世的哈尔·芬尼（Hal Finney）。没有人确切知道当时到底有多少人紧随其后去关注事态的发展，但我们推算大概仅在几百人，还不至于达到几千人的程度。

在挖矿过程中挖到交易区块而生成的奖励会在事前设定的时间点自动减半。当比特币刚刚面世时，创建一个区块、解决复杂的数学问题、证明计算机已耗费所需算力去验证这一区块内所存交易的奖励大概是50个比特币每区块（50个比特币的价格当时还不到1美分，而在2017年涨到了100万美元）。

在之后的章节里，我们将介绍通证经济，包括奖励与惩罚的权衡、通证数量及比特币发行时间，以及这些因素所决定的加密资产交换价值。对于比特币，了解以下信息就足够了：比特币的总量仅为2 100万枚，能挖到的比特币数量随着时间的推移会大大减少，最后一枚比特币将会在2140年被挖出，而目前大概有超过三分之二的通证已经被创建。比特币的发行时间如图2-2所示。

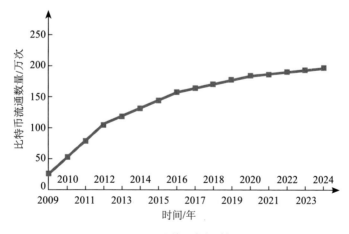

图2-2 比特币发行时间

在比特币诞生初期，参与者还很少，所以通证的需求量非常低，任何只要拥有普通计算机的人都可以创建区块，因此很容易挖到比特币，获得奖励。可以想象这些"矿工"在计算机前和看不见摸不着的比特币打交道的场景。

2009—2010年，情况几乎没有发生变化。但更多人听说了比特币，其中有人向往这种基于自由和隐私的独立货币体系，也有人因为听说这种"神奇的互联网货币"后产生了好奇，但区块链网络的发展依然十分缓慢。那时，大部分区块链参与者要么是某种意义上的科技工作者，要么是有耐心"死啃"指令网页代码、决心精通编写代码的外行人。

2.7　比特币比萨饼和中本聪的神秘面纱

比特币逐渐进入滚雪球式的发展阶段。第一批专门讨论比特币的论坛/网站如雨后春笋般出现，其中，Bitcointalk.org[①]最受欢迎；2012年《比特币杂志》（*Bitcoin Magazine*）创刊。不过最重要的变化还是人们开始交易比特币，并用它来购买商品和服务。2009年1月，当第一批比特币被挖出时，它们的价值几近于零（这是有可能的）。而到了当年10月，有人提到比特币的"官方"价格是1 309.03

① Bitcointalk.org 是一个有关比特币的论坛。——译者注

比特币兑1美元。

2010年5月，程序员拉丝勒·豪涅茨（Laszlo Hanyecz）以1万比特币的天价（2019年约为1亿美元折合人民币约6.49亿元）买了两个比萨饼，当时每枚比特币的价值仅为0.002 5美分。我们无从得知中本聪是谁或曾经是谁，甚至不知道"他"是个人还是团队，但看到比特币的基础功能为人使用，中本聪肯定非常激动。在短短的两年内，一种新型货币被创造且被用来支付。

任何人都可以成为"矿工"，加入区块链网络，当然，也可以随时离开。如果核心开发团队修改了代码库，但这种修改在某种意义上是不可行的，那么"矿工"完全可以决定是下载新的代码，还是继续使用旧的代码。换句话说，这是一个完全由个人或组织自主投票的机制，没有人可以强迫"矿工"升级正在用的软件，但是否升级及其背后的各种后果是一个值得讨论的问题。归根结底，数学胜出，并作为比特币的内部激励机制决定"矿工"的去留。"矿工"往往出于原则或利己主义来做决定，但人类的善良经常能战胜冰冷的商业逻辑。如果一名"矿工"看到特定的升级会给普通用户带来过于激烈的竞争和经济损失，他会出于善意而取消本次升级，即使本次升级被利益至上主义者视为最快的生财方式。我们花了较长的篇幅来介绍"矿工"，但值得注意的是，纵观过去十年，采矿的中流砥柱不是比特币用户或比特币爱好者，而是那些拥有大型矿场的公司，他们消耗着巨大的电力资源。

当他人不在场时，我们不要轻易地对他下结论，对于中本聪同样如此。比特币爱好者和分析师在解释自己对比特币的狂热时，总会归因于自己与中本聪志趣相投，拥有相同的政治或商业动机。虽然比特币领域聚集了一群计算机技术精湛、分析能力超群的人，但中本聪依然能隐姓埋名多年，真是令人赞叹。

我们只知道在2010年12月12日之后，中本聪不再露面。这个人（或者团队）从此销声匿迹，无从追寻。外界认为中本聪创建了约7万枚比特币，时至今日还没有人挖到任何一枚。关于中本聪"真面目"的猜测有很多，尼克·萨博（Nick Szabo）和已故的哈尔·芬尼就曾被怀疑是中本聪本人，因为他们拥有类似的技术实力和人生追求。此后，还有一位名为克雷格·赖特（Craig Wright）的澳大利亚计算机科学教授在不同场合宣称自己是中本聪，并赢得了圈内几位权威人士的认可。但他强行自证的举动到目前为止除了赚得一些"闪亮登场"的宣传噱头外，最终并没有证据证明他就是中本聪。

我想中本聪一定预见到，如果公布了自己的身份，那么之后要想从参与或发展比特币事业中全身而退不会容易，人们会挖掘他每一句话隐藏的深意。2017年12月，比特币的市值达到3 265亿美元的峰值（超过一些小国的国内生产总值）。这给比特币带来了很多风险，强大的公司实体可能会出于赢利目的做出决策，给行业施加商业压力。

　　这些决策中有两种特别具有争议性——可扩展性和挖矿难度。可扩展性主要是指区块链网络从一个处理几千个交易的小平台扩展为处理几十亿个交易的大平台的能力。举一个实际的例子，比特币区块链的容量目前低于10TPS（每秒的交易处理量），而维萨（Visa）支付网络的容量能达到15 000TPS。对加密货币持怀疑态度的人士经常引用这个统计数据，但我们在之后的章节会解释，这其实把问题想得简单了。

2.8　比特币交易所的诞生

　　比特币面市几年后开始流传这样的故事，在面市初期，普通用户经常弄丢自己挖到的财富。由于初期比特币的价格变化趋势十分平缓，一些用户挖了一段时间矿就放弃了。当比特币不再是新鲜事物时，他们开始感到厌倦。一些用户弄丢了自己的私钥，还有一些用户索性连整台计算机都弄丢了。2017年年末，詹姆斯·豪威尔斯（James Howells）的故事登上新闻。豪威尔斯想去垃圾填埋场寻找被丢弃的旧电脑硬盘，硬盘中存储着超过7 500枚比特币[7]。当比特币的单价涨到10美元时，不少人激动地将所赚取的收益倾囊购置挖矿机。早期比特币玩家几乎都有过类似的故事。

　　随着越来越多人加入挖矿大军，开采出比特币的难度越来越大，普通家用电脑中央处理器（CPU）所花费的电费超过了挖出的比特币价格。2010年，人们开始使用图像处理器（GPU）来挖矿。GPU的算力远远大于CPU，因此迎来了硬件与电力消耗方面的"军备竞赛"，这将改变比特币开采的形式。最开始，这样的改变是微乎其微的，大多数挖矿活动还是由个人在家中电脑上完成的，有时他们也在单位或学校里的电脑上挖矿，还没有意识到第三方采矿团队的存在。

随着时间推移，家用电脑逐渐失去挖矿的能力，一些公司开始接手验证交易并产生新比特币的业务。这些公司建起大型工厂，专门配备了放在散热架的特殊用途计算机。由于计算机发热量过大，温度偏低的环境更具成本效应。还有一些天马行空的想法也传播开来，比如散热器，居家办公的比特币矿工将计算机产生的热能转换为暖气。当时，比特币交易所层出不穷，为矿工们提供比特币兑换法定货币的服务。这些交易所无人监管，而且通常由空有一腔热情但没有专业技术的比特币爱好者运营，因此作为储存加密货币的场所风险很高。

在比特币跌宕起伏的历史中，始于2014年2月的一个"长篇故事"应该是最令人惋惜的。当时，总部位于东京的加密货币交易所Mt.Gox暂停交易。随后Mt.Gox宣称遗失了85万枚比特币，其诉讼一直持续到2019年3月，这场风波才算告一段落——Mt.Gox的前任首席执行官马克·卡佩勒斯（Mark Karpeles）以伪造虚假数据的罪名被处以缓刑，但未被判处挪用公款罪[8]。此次事件成为比特币用户值得铭记的教训——要相信自己而非相信第三方，"不掌握私钥，就不是你的比特币"成为他们频繁引用的座右铭。我们并不惊讶，这个生态系统持续发生了许多的盗窃及黑客入侵事件，但即使加密货币交易所被黑客入侵，比特币区块链本身却从未被成功篡改。

部分矿工不喜欢将比特币变现为法定货币，偏好于直接使用它们。最开始，用比特币完成的买卖是私下进行的。矿工用比特币和有比特币需求的人交换想要的东西，但后者并不想参与挖矿。这时，比特币的归属权逐渐属于那些不维护区块链的"外人"手中。图2-3所示为2010年发布在网站Bitcointalk.org的求购广告，该交易使用的是比特币。

回复：求购4GB闪存盘

2010年6月24日，上午06:39:22

Flash Pen Kingston Data Traveler 101， 4GB 蓝绿色=2200BTC（不包含运费）

http://www.amazon.com/Kingston-DataTraveler-101-DT101Y-Yellow/dp/

B001C9P5T4（图片上是黄色的，全新未用）

图2-3 Bitcointalk.org发布的求购广告

注：资料来源于www.bitcointalk.org。

并非所有人使用比特币支付时能看到比特币背后的潜力。《第二人生》曾以"几十万枚比特币"的酬劳邀请歌手莉莉·艾伦（Lily Allen）在虚拟演唱会上表演，但遭到了艾伦的拒绝。

2.9　变革加速

随着比特币的交易量的不断增长，对比特币产生兴趣的人已经不再仅是科技和挖矿的狂热爱好者。加密无政府主义者和自由意志主义者都备受鼓舞，对这项新科技怀有期待，将其作为一项集体支持的新事业。还有一部分人虽然不属于上述两种，但不赞同现代社会无处不在的摄像头。这些人在世界各地的城市里会面，并由比特币爱好者将制作的视频上传到油管网，向币圈新人展示如何安全地保存和使用比特币进行消费，其中，一个名为世界加密网络（World Crypto Network）的油管网频道发布的视频拥有几千人次的播放量。LocalBitcoins[①]则为买家和卖家提供服务，使用信誉机制来抵制诈骗行为并保护用户安全。这为比特币早期的新用户提供了关键的入门渠道，并向其他浏览式用户提供学习资源，以让更多用户尽快接受比特币。

用户个人和公司开始共同努力，研究如何减少比特币的使用难度以吸引更多非技术型用户。这面临着一个问题，一部分人认为简化使用条件不可避免地会引起严重的中心化，为用户徒增信任负担。信任负担指的是什么？简单而言，用户必须保存一份完整比特币区块链的

---

① LocalBitcoins 是一个供私人间交易比特币的网站。——译者注

副本，并验证自己的交易，将私钥保存到线下或其他安全的地方，但这项操作并不容易。而简化使用条件不要求用户精通技术，只要能按照指令操作并理解某些细节即可。但当今社会崇尚即时满足，这种初期耗费时间和精力的沉没成本显然成了比特币传播的绊脚石。

一些公司超前一步，开辟了与比特币相关但更加简单的业务。Blockchain和Coinbase①等公司摇身变成比特币银行，通过网站或手机软件向用户提供购买和花费比特币的服务，为用户省去了在电脑执行软件技术步骤的麻烦。比特币钱包开发人员的贡献可能更接近中本聪的原始愿景，为用户提供更简洁的使用界面，同时向他们介绍各步骤原理，并提供保存私钥的机制。更有责任心的公司还提供了开源代码，向用户提供校验和（Checksum），用户在下载和使用钱包软件之前先行验证（校验和是采用哈希算法得到的哈希值。开发人员在软件内运行哈希算法，当终端用户在重复这个步骤时，哈希值应该是匹配的）。这不仅是道德之举，就像比特币代码本身，它还能维护比特币生态系统的安全。

比特币新用户更偏于使用手机钱包，而在2013—2014年，币圈最普遍的场景是培训新人开采和花费比特币。如手机钱包中法定货币和比特币的互换功能，以及扫描二维码来取代复制粘贴或在键盘上

① Blockchain 和 Coinbase 均为加密货币交易平台。——译者注

敲出一长串密钥的功能都大受欢迎，它们让比特币的应用不再遥不
可及。

2.10　面对面交易：比特币交易所逐渐增多

在早期，如果你没有动力成为矿工，那么最难的部分依然是获取
比特币。如今，比特币开采的难度已大大增加，变成一项集中在商业
公司的事业。这些公司有能力租赁或购买电费低廉地区的大型厂房，
并配备降温设施，使挖矿达到工业规模。建厂的热门地区包括冰岛、
美国北部人口较少的州等。

需要注意的是，比特币交易所针对比特币可能制定新的制度，禁
止多个地区的客户购买或出售比特币以换取法定货币。一些早期的比
特币爱好者在工作或提供服务后经常接受比特币作为酬劳，但最大问
题是如何在法定货币为主的世界里生存下去。少数接受比特币的商家
和地点成了比特币爱好者赖以生存的"生命线"，并且收获了比特币
用户的青睐。

77号房间（Room 77）是一家位于德国柏林市克罗伊茨贝格区的
酒吧，克罗伊茨贝格区以多元文化而著称。Room77的店主乔格·普
拉泽（Joerg Platzer）长期宣扬自由和密码朋克，每月在店内举办比
特币聚会，并因此声名大噪，受到了越来越多的比特币爱好者的追

随，参会人数甚至超过了酒吧的容纳量。Room 77在比特币丰富的历史中占据了特殊地位，因为那是全世界第一个能用比特币面对面换取实体商品的实体地点。得益于普拉泽传教士式的努力，很快，当地的其他酒吧和餐厅也开始接收比特币。

这股风潮席卷全球，纽约、旧金山、伦敦及其他主要城市的比特币用户开始在推特上疯狂晒图，炫耀使用手机端比特币钱包购买的啤酒和其他饮料。虽然中国已经普及了移动支付，但大多数西方国家还没有接触过，因此对于许多人来说，在手机上完成一切支付所带来十足的新奇感，简直让人激动。

如果你本人不挖矿，那想要获得比特币仍是个问题，除非你足够幸运，认识愿意把比特币卖给你的人（在2013年，一些人很有眼光，在社交媒体的个人资料中填写了公钥，获得了不少收益）。实际情况比想象的更普遍，在一些早期的比特币聚会上，双方会以自己认为合理的价格来完成比特币交易。当时，极少有人对这种被大部分人看作古怪狂热的东西感兴趣，不过当这些人沉浸在比特币世界时，却收获了极大的欢乐。比如，柏林比特币交易所（Bitcoin Exchange Berlin, BXB）以比特币价格公告牌和戴礼帽的交易员而闻名。其他国家和城市的比特币会所可能没有礼帽和公告牌，但仍然提供面对面交易比特币的机会。但是许多币圈新人通过图2-4所示的比特币自动柜员机来获取第一枚比特币。

图2-4　SatoshiPoint品牌的比特币自动柜员机

　　2013年10月，温哥华的一家咖啡馆安装了世界上第一台比特币自动柜员机——Robocoin品牌的自动柜员机，此后很快出现了其他比特币自动柜员机，目前全球有超过5 000台比特币自动柜员机。第一批比特币自动柜员机或比特币售货机（一些国家要求更准确的名称）往往首先集中在千禧一代的聚居地，千禧一代对技术更加娴熟。比如伦敦的肖尔迪奇街区（Shoreditch）安装了几台比特币自动柜员机，随后英格兰西南部和威尔士相继各安装了一台。在美国，大多数人也必须乘飞机才能到达装有一台比特币自动柜员机的地方。有时安装比特币自动柜员机的人并不是比特币爱好者，他们只是嗅到了商机。人们经常抱怨比特币自动柜员机的服务费太高，但这些设备并不容易运营，经常断网，而且需要人工重启；或者钱包内可供提取的比特币不足，需要重新加载（这种情况至少可以远程操作）。不过最重要的一点还是由于比特币自动柜员机存有现金，很容易成为盗贼的目标，因此它们必须安装在室内，如咖啡店、酒吧或商店里。在安装之前，还需要说服店家相信来提取"神奇的互联网货币"的人群会给店内带来稳定的客流。

一枚比特币曾经只值几美分。2013年，比特币的价格短暂地创下1 100美元的新高。于是怀着对这种价值的憧憬，币圈人开始劝说家人和朋友购买比特币。他们认为，这种神奇的货币不仅预示着一个全新的世界即将到来，政府和公司的腐败将不复存在，而且预示着他们即将获得梦寐以求的财富。

那么比特币的发展为何不如预期呢？在2013年年末，比特币价格暴跌至200美元以下，盘旋一段时间后逐渐回升到600美元的大关。诚然，虽然比特币最有趣的部分是技术，但价格才能让它跻身新闻头条。2017年的币圈再次沸腾，比特币价格不断飙升，突破1万美元大关（很多比特币爱好者都陷入了狂欢，还有人为此挥霍近万美元来举办派对），甚至一路涨到近2万美元。

比特币价格很快开始回落，但比特币的魔盒依然敞开。虽然它当时还达不到家喻户晓的程度，但至少开始被用作支付及财富储存的方式。此外，人们已经窥见区块链技术的其他可能性和比特币的底层数据结构。

2011年之前，如果你想购买加密货币，比特币是唯一的选择，但如今，情况已经发生了翻天覆地的变化。加密货币在不断进步，每天都在发生变化。我们将在接下来的章节中讨论，虽然现在摆锤又摆回了比特币独当一面的局面，但在六七年以前，很多人都相信他们能创造出"更好的比特币"。我们将在下一章节介绍这些新加密货币，以及围绕它们所产生的新型加密经济。

参考文献

[1]Griffith, G (2014) George Osborne makes a quick buck on £20 Bitcoin buy at Level 39[N], CityA.M, 6 August.

[2]Monaghan, A (2018) Timeline of trouble: how the TSB IT meltdown unfolded[N], Guardian, 6 June.

[3]Chaum, D (1983) Blind signatures for untraceable payments[M], Advances in Cryptology Proceedings.

[4]Grigg, I (2014) A very fast history of cryptocurrencies BBTC – before Bitcoin[J], Financial Cryptography, 8 April.

[5]Grigg, I (2005) Triple-entry accounting[R]. 来自: https://iang.org/papers/triple_entry.html.

[6]Nakamoto, S (2008) Bitcoin: a peer-to-peer electronic cash system[M], 31 October.

[7]Kobie, N (2017) This man's lost Bitcoin are now worth $75m – and under

200,000 tonnes of garbage[J], Wired, 1 December.

[8]Dooley, B (2019) Bitcoin tycoon who oversaw Mt. Gox implosion gets suspended Sentence[N], New York Times, 15 March.

第三章

莱特币、以太坊和替代性加密货币的浪潮

对于传统金融行业从业者而言，加密货币的亚文化圈充满刺激和欢乐，有时又令人提心吊胆。社交网络是宣传加密货币的关键场所，也激起了有关这项科技、交织在该主题周围的政治及道德方面的讨论。推特、红迪网（Reddit）[①]、电报（Telegram）[②]、油管网和脸书公司（虽然数量较少）都有自己的加密货币社群，还有譬如加密货币交易所的用户评论推送（通常被称作Trollbox[③]），以及包括CoinDesk、Cointelegraph、Decrypt Media、The Block等加密货币主题的新闻网站，这些平台为加密货币的开发人员和市场营销人员提供了发表见解和宣传所创加密货币产品的机会。

风险投资公司和金融科技公司是加密货币生态系统的主体，与之大不相同的是，加密货币的支持者各自为政，这种现象也成为加密货币草根文化的一大元素。那么这一由文化基因、明争暗斗和流言蜚语组成的旋涡始于何处呢？除了加密货币开发者的互联网实时聊天（IRC）频道之外，首个焦点当属2009年由中本聪本人创建的论坛BitcoinTalk。2010年12月，中本聪进行了众所周知的最后一次发言，此后，该论坛开

---

① Reddit 是一个社交新闻站点，俗称"红迪网"。——译者注
② Telegram 是一款即时通信软件，俗称"电报"。——译者注
③ 俗称"聊天室"。——译者注

始由其他版主运营，其中大部分版主采用匿名身份。比特币论坛最初主要是作为一种技术资源，人们可以在上面讨论加密学及比特币挖矿操作方法。但随着时间推移，越来越多非技术的用户也加入了这个论坛，专门讨论经济及其他一些离科技主题较远的版块也开始涌现。

比特币诞生后，替代性加密货币（它迅速被贴上"比特币替代品"的标签）的想法很快成为实验主体。在这些初次尝试的加密货币项目中，很多项目都是骗局，它们仅仅"存活"了几周，最后不得不被送入"埋葬"了几千种同类加密货币的"墓园"。不过，也有一些加密货币项目是认真的尝试，它们的创造者受到比特币的启发，开发出了很有意思的去中心化技术，这样的技术可用于全球支付，并支持其他潜在功能。在本章中，我们将介绍几大替代性加密货币。请注意，除了本章节提到的币种以外，限于篇幅，还有几千种加密货币未能介绍。

3.1　莱特币——之于比特币黄金的白银

2011年10月，论坛BitcoinTalk的"替代性加密货币"主题下出现了一个帖子，发言者宣告将发布一种名为"莱特币"的新型加密货币。请记住，比特币的代码是开源的，所以无法阻止任何人复制其代码并创造相同的货币。设法复制比特币的行为毫无意义，因为比特币具有网络效应，包括其拥有的品牌认知度和既定的历史。但是，一名曾效力于谷歌公司的年轻的软件工程师查理·李（Charlie Lee）看到了创造"之于比特币黄金的白银"这一大机遇，人们常常用这个表述来形容莱特币（Litecoin, LTC）。

2011年，李将比特币源代码分叉（Fork），但这并非简单的复制和粘贴。李对他发明的加密货币怀有一大愿景，即这种加密货币主要是基于一种有很多用户参与的网络，而且用户能在这个网络上以低价格快速完成支付。根据比特币的程序设计，网络上只有2 100万枚比特币，而且最后一枚比特币预计在2140年被开采出来。与此相比较，网络上存在着8 400万枚莱特币。每个比特币区块的生成时间为10分钟，而每个莱特币区块的生成时间仅为2.5分钟。解决工作量证明的谜题仍然是这一过程中必不可少的组成部分，但莱特币使用的是另一种算法——和比特币采用SHA-256算法不同，莱特币使用的是脚本（Script）算法。两种算法最主要的区别是如果想要更简单、更快速地解出比特币的数学题，可以投入更多的计算资源，并同时运行多个计算程序。而对于莱特币所使用的脚本算法而言，纯粹提升算力的暴力破解方式（Brute Force Approach）并无优势，而且所有的运算必须以前后接续的形式进行。因此，即使用户无法投入昂贵的硬件，也没有专业的计算机冷却设备，他们也不会失去先机。由于脚本算法允许更多人参与到挖矿过程中，有说法认为，这有利于更多莱特币保持去中心化的性质，避免具备大量算力的公司对挖矿进行垄断。

莱特币对那些想获得"完整货币"的潜在加密货币买家而言极具吸引力，而且较低的挖矿难度也意味着加密货币的业余爱好者可以再次入局。随着时间推移，更多的基于脚本算法的加密货币被发布，硬件制造商向业余矿工低价出售挖矿工具的生意红红火火。同样在如火如荼进行的还有上文提到的替代性加密货币留言板，以"公告"（ANN）开头的帖子如雨后春笋般涌现，标志着又一种效仿比特币的加密货币要上市了。虽然公告帖子不是所有新型加密货币发布的标配，但它却为初来乍到的矿工或交易者提供了一个切入点，他们通过这样的帖子询问技术性问题、评论新币创造者或单纯只是讨论。

对于新型加密货币的创造者而言，激励比特币诞生的原则并没有那么重要，赚快钱才是关键。开发人员向创业者提供服务，帮助他们复制比特币代码，快速调试几下，给这个币种起个令人印象深刻的名字，然后再进行营销炒作。用户甚至可以在"货币生成"（CoinGen）等网站上自行创建替代性加密货币，只需输入一个吸引眼球的名称、一些强制选择的供应代码及发行时间表即可。新型加密货币采用聪明的营销方式来吸引潜在交易者的兴趣，而各种表情包和行业内笑话也成为加密货币文化的重要组成部分。因此，一个起源于表情包的币种能跻身最著名的加密货币之列并不值得大惊小怪。

3.2　狗狗币掀起的风潮

2012—2013年，一只做着睥睨众人表情的柴犬成为席卷全网的经典表情包，并配有用Comic Sans[①]字体写的文字气泡，表达自身对人类世界的困惑，其中，狗的英文单词（dog）被错误地写成"doge"。这个拼写是一个几年前就存在的表达，但自从2013年以后，它通常指代这只用Comic Sans字体来表述内心独白的柴犬。

2013年12月，来自不同洲的两人在一个加密货币的互联网实时聊天室相遇，一个是悉尼奥多比系统公司（Adobe）的市场营销专家杰克逊·帕尔默（Jackson Palmer），另一个是在美国俄勒冈州从事编程工作的比利·马库斯（Billy Markus），他俩决定基于Doge表情包自创一种有趣的加密货币。

作为一种容易开采、流通量高且价值较低的替代性加密货币，狗狗币（Dogecoin）的设计目的是打赏小费，并向大众传播欢乐。狗狗币于2013年12月6日开始发行，它在发行初期的特点是具有极高的波动性，首月价格上涨了300%，之后又暴跌了4/5。当时，除了比特币之外，其他加密货币也开始在交易所上市，像狗狗币这样刚加入加密

---

① Comic Sans 是一个似手写的字体，由文生·康奈尔（Vincent Connare）设计，并在1994年发布。从 Windows 95 之后，此字体就一直附带在微软的视窗系统里，已成为微软系统内最常用字型之一。——编者注

货币生态系统的新型币种大受欢迎，交易量十分可观。

潜在的新型加密货币开发者必须承认，任何替代性加密货币或通证的发行都离不开一个鼓励人们接受新币种的强大社群，这是替代性加密货币成功的关键。自诞生以来，狗狗币一直拥有最坚挺、最丰富多彩的加密货币社群，这个社群的形象比任何其他加密货币都显得更善良（至少公众形象如此）。狗狗币爱好者能很快凝聚起来施行善举，例如在2014年，他们曾经通过众筹为牙买加雪橇募集参加冬奥会的费用，并为"世界水日"慈善活动筹集狗狗币资金。由于狗狗币原始的通证价值非常低（仅占1美分极小的部分），因此，在计划创建打赏软件及扩展应用的开发者中间，狗狗币大受欢迎。在社交媒体上意外收获出于善意的打赏，即使票面价值微乎其微，也能给人带来无法低估的良好感受。

说到狗狗币打赏软件，我们就不得不讨论另一个主题上，那就是大受喜爱的"天降狗狗币暴雨"（DogeRain）应用软件，它最初是柏林加密货币领域不可或缺的一部分，而后开始进入全球视野。DogeRain是一个很简单但很睿智的构思——你在手机上打开这款软件，世界上同时打开该软件的任意用户可以以随机的额度向你打赏，而你可以以这种方式回馈其他用户。给软件充值只需花费几欧元、几英镑、几美元或者其他币种，但你能看到小费接收人的名字及所在地区，从而获得即时的满足感。这是因为你所施予的"慷慨雨滴"确实落实到对方身上，你也能从屏幕上亲眼看到狗狗币撒落的画面，亲耳听到它的声音，还能欣赏用Comic Sans字体写就的"哇"（WOW）。在与朋友的聚会上，你甚至可以增加一个使用该软件来娱乐的环节——大家可以一齐摇晃手机让软件制造一场"狗狗币雨"。在加密货币革命的初期，每一天都令人沉醉，狗狗币向每个人传递着乐观向上和"一切皆有可能"的温暖感受，并将全世界的加密货币爱好者团结了起来——狗狗币最成功的部分就在于它的社群建设。

不过，无论狗狗币的故事有多么可爱和暖心，它仍旧甩不开其作为一种赚取利益机会的本质。为了保证本书的客观性，我在撰写时一再尽力避谈个人经历，但此刻还是想坦白，由于保管私钥不善，我在网络钱包及交易所进行加密货币储蓄时曾受到严重损失，受到了惨痛的教训。不过，我从未因黑客攻击而损失过比特币。虽然以下经历可能会使本书的可信度受到影响，但不得不说，我首次遭遇的加密货币失窃就发生在Dogerain的在线钱包DogeVault上。2014年的春天，黑客入侵了这款应用，从我的Doge Vault中盗走了价值5.6万美元的狗狗币。此次事件中我损失了大概100美元，但所受到的教训却宝贵得多。我的经历给所有用户发出一个提醒——狗狗币在众多加密货币交易所中创下了交易量节节攀升的纪录，这样成功的替代性加密货币即使再可爱、再有趣，也不可能脱离谋取商业利益的终极目标。

狗狗币的联合创始人帕尔默一直在加密货币圈内发表道德感想，

直言不讳地指出他在圈内观察到的或恶劣或冒险的行为。这样的抨击有时会招致反感。2015年，他离开了狗狗币圈，并公开表明，他从未在替代性加密货币的发行中赚过一美分。那么他为什么离开呢？那便是风气不良的狗狗币圈。加密货币圈的用户通常有两种目的——赚钱或改变世界。这两种目的的用户群可能会重复，但在狗狗币的案例中，前一种目的的用户群最终胜出。

我还记得自己曾在2014年跟信奉狗狗币的人们交谈过。他们坚信狗狗币会改变人们对加密货币的看法，而且即将成为首个主流加密货币。一些狗狗币持有人对这种想法非常坚定，他们甚至到处游说零售商家接收狗狗币购买商品及服务，不过在只有极少一部分人听说过比特币的情况下，让商家接收狗狗币这绝非易事。

3.3　加密货币诞生初期的交易所与交易工具

2013年，许多替代性加密货币的交易者都通过完全非官方的渠道来完成交易，比如通过Reddit上的专业论坛或互联网实时聊天室来进行交易。但无论比特币在何处交易，其他加密货币都会紧随其后。很快，加密货币交易所频频出现，比如Cyptsy交易所、MintPal交易所、Poloniex交易所和C-CEX交易所。

除了交易所之外，加密货币上市网站、替代性加密货币区块寻找网站及其他相关的网站也纷纷出现，它们虽然都承诺提供技术分析，但这通常只是人们用来兜售自己所复制粘贴的加密货币的幌子。除了前文提及的加密货币新闻网站外，人们还能从加密货币市值（CoinMarketCap）及加密货币对比（CryptoCompare）等信息聚合器上了解新型数字货币的最新价格，即使这些新问世的数字货币比较稀奇古怪。

一部分交易者在嘉盛交易平台（Forex）上积累了丰富的交易经验，在图表和分析方面经验颇丰，一部分交易者是投机分子，一部分交易者甚至是在校学生——他们都渴望出人头地发大财。我们每天都能听到关于赚取丰厚利润的浮夸言辞。一些交易者在推特上积累了几万名粉丝，并在上面实时更新自己丰硕的交易成果，其中有些是真实的，有些则明显夸大其词。但这些交易者有个共性，那就是坚忍不拔。早期的加密货币交易不仅仅是简单地通过你的银行账户将美元转到交易所的问题，由于大多数交易所只接收比特币，所以用户首先要购买比特币，在熟悉了钱包运作方式之后才能将购买的比特币转到交易所上去。

早期的加密货币交易所通常由加密货币爱好者创建，不受法规监管，而这些创建者和许多交易者一样也是投机分子。尽管名声大并不意味着诚信度高，但他们通常是圈内的大人物。正如比特币创造者精神所提到的：无论身居何处，也无论是谁，所有人都享有完全的交易自由。这一点对美国的交易者而言尤为重要，因为在那里，"受认证的交易者"被认为足够博学，能应对传统市场中的各种风险，用户只需要将比特币转到交易所，对各种加密货币有些许了解即可。

事情当然不会这么简单。有人赚取利益，也有人蒙受损失。2014年2月，各大交易所有超过100种交易活跃的替代性加密货币，而这个数字很快变成几千。就像在竞马比赛中一样，加密货币在竞争中前赴后继地倒下。每周都有新的加密货币上市，也有老的加密货币消失，后者可能在数月后带着全新的开发团队卷土重来。由于没有禁止内幕交易和杜绝消息"剧透"等法规监管，替代性加密货币整个繁荣和萧条的亚文化在很大程度上隐藏在公众的视野之外。

常见的替代性加密货币模式是这样的：开发者决定发行一种新型加密货币，他在BitcoinTalk论坛等相关渠道中发出公告。然后，交易者看到了价格暴涨的可能性，于是转发这条公告，开始在自己能想到的所有平台上疯狂地哄抬这种加密货币的价格［包括Crypto 推特[①]、脸书平台、照片墙（Instagram）[②]、Telegram、WhatApp[③]和Reddit等］。这一货币在几个交易所上市，并在交易者大肆鼓吹下，它的价格被炒到天价。参与这个过程的每个人都有所收获，每个人都非常开心。接着，第一批离场的投资者卖掉了所持有的加密货币，于是该加

---

① 推特上有关加密货币的频道。——译者注
② Instagram 又称"照片墙"，一款分享图片的移动端社交应用。——译者注
③ 一款手机通信应用程序。——译者注

密货币的价格开始暴跌。经验丰富的交易者也随之抽身，从此每个参与者都开始亏钱。这种情况被称作"拉高倒货"。这样的阴谋有一个很有意思的现象：不知道出于什么原因，人类总有勇气假设，当下一次同类事件再发生时，结果将会完全不同。

六年过去了，在Telegram等社交平台上，我依然能看到有人在炒作毫无价值的加密货币。在那里，倒霉的投资新人付钱给所谓的专家，购买毫无用处的通证。为了确保人们在社交媒体上搜到加密货币的代码，交易者开始用货币符号来标记加密货币，给加密货币加上像股票交易标记的代码那样的代码标签，比如用\$ETH来表示以太坊，用\$LTC来指代莱特币，就好比人们在推特上发布有关微软的帖子时，会使用\$MSFT的符号一样。有人在想，如果一家公司和一种加密货币使用同样的标签，那么替代性加密货币的代码和股票代码可能会相同，这将给双方带来一些"烦恼"吧。

3.4　合约币与万事达币

虽然各种加密货币层出不穷的时代令人沉醉，但此时上市的大多数加密货币都灰飞烟灭，不过，加密货币在一些方面依然取得了实际进展。在这之中，有一个注定成为加密货币圈内和圈外最常谈论的独立项目——以太坊（Ethereum）。但在讨论以太坊之前，我们先来看一下采用不同方式的另一个项目——这个项目并没有创建一种完全独立的网络，而是拓展了比特币区块链的功能性。

合约币（Counterparty）团队将他们的项目描述为"写在比特币交易边缘的代码"。这句话形象地表述了合约币如何利用比特币的安全性来打造顶层代码，人们可以安全地创建自己的通证和资产，并能安全地进行交易。同时，合约币还允许被称作智能合约的数字合约自动运行。我们在之后的篇幅中会进一步介绍智能合约。

合约币的代码是开源的，因此，所有人都能下载这个软件，并创造自定义的加密货币或通证。虽然合约币网站提供了范围很广的使用范例，但其中有两个例子值得强调——一个是使用自定义的合约币通证来进行众筹或投票，另一个是作为艺术品、收藏品等独一无二的资产的数字替身。为了享受合约币的功能，用户需要持有合约币项目特有的通证，即合约币（XCP）。它们不是通过魔法凭空变出来的，每一个合约币通证以"焚烧"少量比特币来生成。比特币被发送到有去无回的钱包地址，以达到"焚烧"销毁的目的。这赋予了合约币通证价值，也给予了用户与合约币网络交互的能力。

合约币没有重新打造属于自己的区块链，而是专注于拓展比特币协议，但这样的团队并非只有合约币一个。万事达币（Mastercoin）项目就是另一个例子，这个项目始于2012年一份由加密学家J. R. 威利特（J. R. Willet）撰写的白皮书，虽然这个项目几经更名，但时至今日仍然活跃在市场中。现在名称为"Omni币"的万事达币项目是首个发行泰达币（Tether）这一稳定币的平台，这也是它最有名的原因。我们将在下一章节中继续介绍这个项目。

此刻，让我们回到智能合约的主题。智能合约除了提供直截了当的支付以外，还有一个最基础的构想，即在一个去中心化的网络上自动运行，这也是最具吸引力的区块链技术之一。虽然合约币、Omni币及其他基于比特币的协议都赋予了开发人员编写智能合约的权限，但部分开发者认为，为了实现这个目的，他们需要开发一套具备迥然不同的功能、完全独立的平台。今天，最著名的智能合约公有区块链被称作以太坊。

3.5 以太坊与世界计算机

虽然以太坊的通证具有和比特币相同的支付能力，但其创造者的野心远远不止于此。2013年年末，程序员维塔利克·布特林（Vitalik Buterin）提出以太坊的构想，他是一位早慧的俄罗斯裔加拿大人，当时年仅19岁。

17岁（2011年）那年，布特林从他身为计算机科学家的父亲德米特里（Dmitry）那里了解到比特币，很快，他开始给比特币的相关网站供稿。2013年，他联合创立了名声大噪的《比特币杂志》。不过，布特林当时只是一个比特币爱好者，一门心思扑在一个处于萌芽阶段的想法——除了能用来记录交易过程外，人们还能如何利用区块链来记录代码运行的结果？虽然这从理论上看是一个糟糕的构想，毕竟让全世界几千台不同性能的计算机同时运行相同的代码本质上非常浪费，但是这背后却有逻辑支撑。

布特林将这一全新的网络构想成一台完全去中心化的世界计算机，即以太虚拟机（EVM）。在比特币区块链上，所有交易都会在网络上广播，这笔交易能被全球任何用户看到，而且必须接受个人用户的验证，后者不需要获得权限就能加入这个网络。而以太坊的智能合约也是如此，正如人们所知，智能合约由矿工执行，矿工获得以太坊网络的加密货币——以太币，作为其付出劳动的奖励。

这种规模的操作不容小觑，而且以太币的生成需要花费很长时间。但是，即使需要很长时间，以太坊也展现了一大优势：这个新兴项目成功吸引了其他开发者的极大兴趣，因为他们可以事先下载并运行以太坊软件，并使用测试网络（Testnet）——预发布版本的以太坊区块链。与排名无关，所有加密货币都具备自己的测试网络。本质上，测试网络提供了沙盒环境，在代码变更被批准并部署到主网之前，开发人员可以在上面对代码进行彻底地测试。

从事信息技术项目的人都很熟悉这种预发布环境。在这种环境中，开发人员可以在进行重大代码更改之前，修复漏洞并消除差异。

当然，实践并不总是与理论相匹配，而且通常在测试环境中很难发现预料之外的漏洞。但这个过程远比在实时网络中启动未经测试的软件变更的方法要好得多。软件版本能从测试环境成功过渡到实际环境（或称为生产环境）的先决条件之一是，它在测试环境中的行为尽可能地与其在真实环境中的表现相似。举个例子，无论有几千人在使用这个系统，还是你在自己的计算机上测试这个系统，抑或是只有你在使用该系统时，这个漏洞可能都很难被找到。

因此，在区块链测试环境（或称测试网络）中隐藏了可供开采的通证。和在实际环境中一样，任何人都可以下载和运行以太坊软件，并帮助维护这一测试网络。诚然，由于在测试网络上验证交易没有真正的奖励机制（只能获得成为良好公民并参与维护网络生态的满足感），所以愿意这么"折腾"的开发人员少之又少。但对于那些正在对网络进行更改，并希望进行交易或运行代码的开发人员而言，测试网络则提供了一个有用的工具。

比特币的测试网络有一个"怪毛病"——每隔一段时间，它都会重置一次。测试者可能通过一个被称为"水龙头"（Faucet）的在线工具免费获取少量用于测试的比特币，由于测试比特币比真正的比特币更易开采，所以在经验不足的用户之间，测试比特币具有货币价值这样的谣言便被断断续续地传开了。这些投机者想要囤积测试比特币，而不是使用完后将其放回"水龙头"供其他人再用。解决这个问题的办法是时不时地重启网络，这样一来，人们囤积的测试比特币就会从区块链上消失。

由于首个以太坊测试网络的发布可能是软件史上宣传力度最大的测试环境发布事件，此刻，我还想进一步介绍一下测试网络。得益于现有个人经历及其在比特币圈内的人脉关系，布特林于2013年12月发布的以太坊白皮书引起了极大的关注。与比特币网络不同，以太坊网络的开发工作由公开众筹的资金提供支持。当主网最终上线后，矿工可以基于工作量证明算法来开采以太币。不过，以太坊基金会（Ethereum Foundation）在此之前已经预售了5亿枚以太币，它们的总价值略高于1 550万美元。售出这些以太币并不困难，因为每个人都想从这一宣传力度最大的技术中分得一杯羹。

为了保证以太坊的成功，人们必须使用它。但与比特币区块链相比，以太网的使用要复杂得多——在比特币区块链中，除非你正在开发比特币钱包或需要有区块链接口的支付系统，否则并不需要庞大的开发者社群来创建在该网络上运行的应用程序。而以太坊由于被明确设计为可以构建应用程序的平台，必须吸引尽可能多的开发人员来构建高品质的应用程序，以吸引普通用户。

因此，从2014年7月以太币预售开始，到一年后的主网发布这段时间内，以太坊圈内创造了许多令用户翘首以盼的里程碑。即使普通大众此时还不了解去中心化应用程序的好处，但深谙区块链之道的开发者对以太坊表现出旺盛的需求。2015年5月，以太坊的开发团队发布了他们最终的概念验证（Proof of Concept）测试网络——奥林匹亚（Olympia）。仅在3个月后，也就是同年7月，该团队发布了名为前沿（Frontier）的测试网络。前沿测试网络呼吁开发者发挥开拓进取的精神，这是因为前沿是一个公开的测试环境，但仍然处于相当原始的阶段，大多数工具仍处于缺失的状态，整个生态系统亟须得到改进。这个原因降低了测试网络的准入门槛，允许更多的开发人员参与进来。

不过，前沿的发布让人们第一次看到他们众筹支持的网络究竟是何模样，技术高超的开发者可以尝试编写自己的智能合约，并将其部署到实时网络上。以太坊问世之初，由于以太坊网络的客户端软件也处于初级阶段，人们与以太坊的交互相对困难。以太坊虽然发布了说明文档（这相比许多先前发布的加密货币或公有链项目而言有了长足的进步），但文档的内容还比较粗糙，而且要求的知识储备高于大多数以太坊潜在开发者的知识水平。

新的编程语言（Solidity和Serpent）被开发出来，开发人员能够用它为以太坊编写应用程序。Solidity有点像JavaScript，而Serpent是以Python为模型的编程语言。它们大体上的逻辑都是用以计算在网络上执行智能合约所需耗费的成本。

为什么要花钱来执行智能合约呢？让我们在脑海中想象一条区块链。在那里，由于进行任何操作都是完全免费的，所以用户可以部署任何东西。这个网络很快会陷入瘫痪——人们开始在上面滥发垃圾邮件，投放免费广告，比如发送小提示；或者有人利用这个网络的处理能力来运行需要消耗大量内存的计算。有时，这些行为可能不是出于商业目的来进行的。通常情况下，"因为它就在那儿，所以不用白不用"足以诱惑恶作剧制造者发起毫无意义的冒险，反正也不会有什么损失。他们可能会想："要不，把《战争与和平》嵌入每一段代码的首字母试试看吧？这肯定不会造成任何问题，而且会带来不少欢乐！"还有一些访客压根儿不喜欢以太坊概念，他们可能会编写没有结尾的运算代码（比如以无限循环数结尾的函数），再通过运行这样的代码来攻击以太坊网络。

以太坊的创造者早就考虑到了这个问题，他们所采取的解决方案是对每一次智能合约的执行或数据的存储收取少许费用。比特币和以太坊在服务费方面的显著区别在于以太坊的佣金不直接用以太币结算，而在比特币网络中，用户需要缴纳一定数量的比特币作为交易费用。相反，以太币由一种叫作燃料币（Gas）的并行加密货币来驱动，后者与以太币的价格挂钩（用户本质上仍在使用以太币来支付交易佣金，因为以太币可以直接转换为燃料币）。

以太币与比特币的另一个相似之处在于，用户支付的交易佣金随着区块链上的需求及负载的浮动而浮动，同样随之改变的还有使交易加速进行的挖矿服务费。与其他用户提交的交易请求相比，支付的交易佣金越高，你的交易会得到更快的处理。因此，算出合适的燃料币悬赏额度并将其添加到智能合约是一项极具挑战的任务。

与完全公有的区块链打交道有很强的不可预测性，正因为如此，很多人弃用了以太坊等公有区块链。这是个遗憾，因为如果你不把缓慢且不切实际的以太坊看作成品，而将其目前的发展状况视为一块小小的垫脚石，并坚信它能带领我们通向令人惊叹且极具革命性的创新之路，那么你对它的印象将大大改观。在过去的4年里，以太坊一直饱受争议。尽管以太币的价格从超过1 000美元的峰值下跌了93%，以太坊还是发生了许多有趣的进展。

以太坊面临着诸多公关问题，其中最主要的问题源于以太坊圈内的观念斗争和盘根错节的关系。以太坊圈由网络的维护者、更广泛的以太坊社区及在此基础上构建的客户端、服务和应用程序的开发者组成。由于以太坊的创造者布特林并不像中本聪那样隐姓埋名，他能够（甚至在不知不觉间）对本应具有去中心化特性的网络施加过大的影响。要证明这一点，只需看看2017年6月发生的以太坊市值瞬间蒸发40亿美元的事件。当时，臭名昭著的4Chan消息公告牌发布了一则关于布特林死于车祸的虚假消息，直到布特林出面表示自己还活着，这场短暂的价格暴跌才画上了句号。不过，这次事件给我们提供了一个有益的警告。[1]

3.6　以太坊及其不断发展的生态系统

以太币价格上涨的故事几乎和比特币一样具有传奇色彩，一段时间以来，主流媒体充斥着这样的报道——作为以太坊本币的以太币价格在预售时仅为0.30美元，之后价格呈抛物线式上升至2018年1月的超过1 310美元的高点，投资者由此大赚了一笔。致力于在区块链上创建应用程序的开发人员将大量精力投入以太坊的开发，使以太坊大获成功。这些开发人员得到了以太坊爱好者和公司的支持。这些公司创建能够简化流程的工具，并通过编写文档和教程来帮助人们更快地踏上以太坊之旅。

部分公司的运营者要么是以太坊初期开发工作的中流砥柱，要么一直是总部位于瑞士的以太坊基金会成员。其中包括美国区块链技术公司ConsenSys的创始人约瑟夫·卢宾（Joseph Lubin）[1]，还有美国区块链技术公司Parity[2]的联合创始人加文·伍德（Gavin Wood）博士和朱塔·斯坦纳（Jutta Steiner）博士。

ConsenSys公司有时会聘请一些开发人员，这些开发人员此前一直不遗余力地为以太坊开发实用的工具。在加入这家公司后，他们能以更正式的身份为以太坊的生态系统提供支持。蒂姆·库尔特（Tim

---

① 以太坊联合创始人。——译者注
② 波卡 Polkadot 母公司。——译者注

Coulter）就是其中一个例子，他开发了Truffle框架[①]，将部署、测试，甚至模拟区块链（Mock Blockchain）打包至一个易于使用的代码库中，为日后的以太坊开发人员提供卓越的一站式服务。

ConsenSys是一个庞大的章鱼式组织，为初创公司提供资金，管理以太坊的培训和宣传，还为希望使用公司版以太坊（Enterprise Ethereum）的公司提供咨询服务。公司版以太坊能帮助客户为商用应用程序部署私有、联合及混合型的以太坊代码库。与ConsenSys不同，Parity只专注于软件这一件事，并且它为以太坊圈做出了重要贡献，创建了一部分使用最为广泛的工具，比如一个能与区块链、钱包及波卡（Polkadot）等网络进行交互的客户端，波卡等网络允许用户在各个独立的区块链之间传输资产和数据。

Parity还创造了一系列有趣的产品。不过在2017年，该公司开发的一款软件曾两次成为黑客攻击的目标，这导致用户损失数千万英镑。该公司推出的多重签名钱包是一款很受欢迎的产品，许多公司都用它进行首次币发行（ICO，Initial Coin Offering）。多重签名钱包不是以太坊特有的产品，首批多重签名钱包是为比特币开发的，它允许多名用户使用同一个钱包中的资金，其中，每个用户都有自己的私

---

① Truffle 是针对基于以太坊 Solidity 语言的一套开发框架，本身基于 Javascript。——译者注

钥。多重签名钱包可能还会有一些规则，比如允许用户在没有其他参与者为交易签名的情况下提取特定金额的资金。就像公司配备多名签名员工的银行账户一样，当加密货币被用于商业或社区环境时，多重签名钱包也发挥着重要的作用。

本书不是专门面向开发人员的书籍，因此我不会深入分析Parity两次遭黑客攻击事件的技术原因，只是进行简单的介绍。Parity的首次被攻击发生在2017年7月，黑客直接利用系统漏洞来发动攻击，并在此次攻击中成功窃取了时价为3 000万美元以上的以太币。但发生在同年11月的第二次黑客攻击才引起了人们对以太坊基本治理能力的质疑。简单来说，Parity的每个多重签名钱包都依赖一个代码库，其中包含一份未受保护的智能合约。由于这份智能合约允许世界上任何人更新它，以至于到最后这份智能合约被冻结了。这一被攻击的多重签名钱包原本为几千名用户储存着价值数百万美元的以太币，但这些用户却发现自己无法使用这些资金——可以看到余额，但无法提取。不仅如此，Parity还受到了第二重打击，公司为波卡网络众筹活动所创建的内部钱包也受到了影响。

在第八章中，我们将讨论去中心化自治组织（DAO，Decentralized Autonomous Organization）的概念，并解释首次创建DAO的尝试是如何引发大规模的黑客攻击的。当时，Parity向投资者返还资金的过程引发了极大争议。因此，当有人提出可以尝试类似的操作，以便解冻和恢复Parity在第二次黑客攻击中冻结的全部以太币时，这个提议被认为不可行而被驳回。在撰写本书时，这笔资金仍然处于锁定状态。

3.7　门罗币和其他隐私型加密货币

门罗币（Monero）是另一种流行的通证，与以太币不同，它并非用于复杂的智能合约，而是专门用于支付手段。创造门罗币的目的是解决隐私缺失的问题，这也是该币创造者在比特币上观察到的一种现象。我们将在第十一章中继续介绍门罗币。过去五年间，门罗币一直很受欢迎，它背后有一个充满活力的社群在提供支持。不过，门罗币并非唯一着眼于隐私的加密货币，而且它的核心技术——环签名（Ring Signature）——也并非是保证交易不可追踪的唯一方式。

2016年，密码学家佐科·威尔科克斯-奥赫恩（Zooko Wilcox-O'Hearn）所领导的团队推出了一种名为大零币（Zcash）的新型加密货币。和比特币一样，大零币最终的供应量也是2 100万枚。不过两者之间还是有着诸多重要差异，大零币依赖一种被称作zk-SNARK的零知识证明（零知识证明允许用户证明自己了解某事或被获准访问某个地址，而且用户不需要透露想要私密保留的细节）。

作为一个有力的构思，大零币给用户提供了发送透明化交易的机会，这种交易模式与特定地址下的比特币或在另一种类型地址下进行的屏蔽式交易模式相同。交易以一种屏蔽式披露的模式进行，用户可以选择向特定的第三方（例如会计师或税务稽查员）披露这笔交易。

如果人们承认维护支付隐私的自由是言论自由的一个重要的组成部分，那么很明显，像门罗币和大零币这样的加密货币拥有同样重要的地位。值得注意的是，新闻界在报道比特币和其他加密货币时，把主要关注点放在它们被用于购买可能非法的商品和服务上，而不是强调支付隐私出于某种原因需要得到保护。通过下面的例子来说明支付隐私的重要性。曾有一名美国少女在塔吉特百货商店购物，该店挖出相应数据后向她发送了一封垃圾邮件，其家人借此得知她怀孕的消息[2]。还有一种可能发生的情况：不同政见持有者可能因为购买某些令政府不满的书籍或杂志而面临被监视或逮捕的风险。

3.8 瑞波币

如果想要写出一个有关替代性加密货币及支付的完整章节，那至少得提一下瑞波币（Ripple）这种被反对者贬损为"银行币"的加密货币。我刚才介绍了隐私性加密货币，而瑞波币恰恰是它的对立面，并且在加密货币圈内引起了反感。这是因为倡导瑞波币的XRP军团（以作为瑞波币通证的XRP币来命名的社群）经常在社交媒体上积极引战，并大肆宣扬自己从瑞波币中获得收益。

瑞波币网络的运作方式与目前提过的任何加密货币截然不同。首先，瑞波币不适用于区块链，也不是真正意义上的去中心化加密货币。相反，瑞波币网络是一个为银行和其他金融机构设计的跨境支付网络，该网络没有挖矿的概念，因为所有1 000亿枚XRP通证都是在发行时创建的，其中60%的供应量保留在作为私营公司的Ripple Labs[①]手中。Ripple Labs也控制着XRP通证的流通量，每个月都会发行一定数量的XRP通证。据有关报道，对瑞波币技术感兴趣的公司的名单令人印象深刻，但与比特币不同，有人怀疑XRP通证本身对于瑞波币网络的运行并不是必需条件。瑞波币和比特币还有一个关键的区别：瑞波币并没有消除对信任的需求——事实上，Ripple Labs建议客户使用一组已确认并可信的参与者名单来验证他们的交易。瑞波币在去中心化和效率之间达成权衡，这意味着瑞波币网络具有很高的可伸缩性，每秒可以完成数万次交易。

在上文中，我们已经探究了在首次加密货币牛市中出现的一小部分加密货币，并且介绍了它们的差异点及这些相互竞争的替代性加密货币是如何演变的。在第八章中，我们将探讨2016—2017年的牛市，重点关注席卷加密货币圈的ICO"淘金热"，在这场浪潮中，许

---

① 一家开发瑞波币支付协议和交换网络的美国技术公司。——译者注

多几近无用的通证如雪片般飞来。我们稍后还会讨论"活动及资产的通证化"这个十分重要的概念。不过，迄今为止讨论的加密货币（除以太坊以外）主要都是作为点对点支付机制设计的。投机和炒作占据了加密货币现象的一大部分，在过去几年里，主流媒体上经常出现加密货币价格直线飙升几十倍的故事。然而，尽管ICO曾在2016—2017年掀起一阵热潮，但人们早已把"复制粘贴替代性加密货币就是致富之道"的想法抛之脑后。虽然CoinMarketCap网站曾罗列过2 400多种加密货币，但其中很多币种的交易量几乎为零，而且在几年前，至少有同样多的加密货币再次倒下——没有开发人员为它们开发代码，没有矿工为其区块链提供验证，也没有人使用它们进行交易。

少数的加密货币一直存活并茁壮生长，并且，加密货币生态系统已经成为一个生产力更强且更为低调的系统，它们的开发团队专注于网络建设而非投机。目前为止，我们已经了解了比特币、莱特币、狗狗币、合约币、万事达币、以太币、门罗币、大零币和瑞波币，并稍微谈及它们之间的差异。在后面的章节中，我们还将研究ICO热潮和其他由比特币和以太坊衍生的加密货币。不过在此之前，我们先往前多跨一步，先探究一下一些改变行业规则的进展，它们推动了脸书公司在2019年宣布推出一种全新的数字货币。

参考文献

[1]Roberts, J J (2017) Hoax over "dead" Ethereum founder spurs $4 billion wipe out[J], Fortune, 6 June.

[2]Hill, K (2012) How Target figured out a teenage girl was pregnant before her father did[J], Forbes, 16 February.

第四章
天秤币项目——大型科技公司如何入局数字货币领域

2018年年中，一条关于脸书公司的传闻开始流传——该公司早已聘请区块链工程师。正当人们推测其区块链计划的目的是保护数据存储安全还是搭建基于区块链的身份系统时，很快又出现了新的传闻，由脸书公司副总裁大卫·马库斯（David Marcus）带领的新部门实际上是一个数字货币项目组。

在2018年年末，这个项目并没有什么新的重大消息流出。但到了2019年2月，有传闻称已有50多名工程师参与这个项目。此时已经有足够多关于该项目的信息，以至于《纽约时报》能通过揣测来撰写有关报道[1]。如果说《纽约时报》的报道掀起了一场猜测和评论的热潮，那么与同年6月该项目正式宣布时的舆论反应相比，这根本算不上什么。脸书公司宣布发布名为天秤币储备基金（Libra Reserve）的货币计划，该计划是由脸书公司与多家知名公司共同创建的合作项目。事实证明，Libra Reserve极大地改变了新闻界、政治界及立法界对数字货币的态度。在本章我们将更详细地介绍这个项目。不过在此之前，我们先探讨一下数字货币和社交网络的交汇点，以及社交媒体公司如何利用其庞大的用户，让他们使用本公司发行的私人货币。

拥有24亿全球用户的脸书公司选择走这条路也许并不奇怪。马库斯曾担任贝宝（PayPal）公司的总裁一职，这家公司本身就是金融科技行业的主要颠覆者，况且脸书公司也不是第一家尝试迈入数字货币领域的社交媒体公司。虽然脸书公司的加密货币发行计划在主流媒体上掀起了轩然大波，但事实上，此前曾有过两次ICO，它们虽然也曾吸引了加密货币媒体的注意，但在很大程度上没受到更广泛的商业界的关注。发布这两种加密货币的公司也分别拥有自己的社交网络平台——Kik和Telegram，他们曾分别发行Kin和Gram这两种通证。

4.1　Kik 和 Telegram 的首次币发行

主流媒体之所以未能捕捉到这两次首次币发行，可能可以归结为人口统计学原因，因为在传统新闻机构从业的记者和此类短消息应用程序的目标群体（青少年和Z世代）不是同一群人。其中一个应用程序是Kik，它在鼎盛时期拥有超过3亿全球用户。总部位于加拿大的Kik公司成立于2010年，这款应用程序的工作方式与WhatsApp和Telegram类似，用户可以通过互联网连接来发送短信、照片信息或进行视频聊天，但它具有独特的卖点，即匿名性。与其他短信应用不同，用户不需要提供电话号码即可注册。虽然这样的匿名功能在未成年受欺凌、骚扰和性诱拐事件传开之后引发了争议，但这款应用还是很快收获了青少年的喜爱，而大多数成年人从未听说过它们的存在。

对于加密货币投资者来说，隐私也是一大卖点，因此Kik认为人们会对与其相关的加密货币产生兴趣。在第八章中，我们将谈到美国对合格投资者的严格规定，探讨这些规定如何在条件不符的人群中激发起压抑已久的投资需求。ICO市场是一个险象环生的水域，而在现存的成功的中心化公司中，宣布发行Kin通证的Kik是第一家涉足这片水域的公司。2017年，伴随着ICO的风起云涌，Kik在以太坊的众筹项目中成功募集了超过1亿美元的资金。

根据Kik公司的首席执行官泰德·利文斯顿（Ted Livingston）的设想，Kin通证是一种在应用程序上使用的原生通证，用户能用它来对有用的内容进行打赏，而开发者在完成工作后也能以Kin通证的形式获得奖励。按某些标准衡量，Kin通证在使用性上取得了成功。2019年年底，它以每月30万笔交易量名列当年全球使用最广泛的加密货币排行榜第五位。然而在众筹结束的两年后，Kik公司惹上了麻烦。美国证交会意识到，由于加密货币没有明确的所有者或责任，证交会很难对完全去中心化的通证生态系统采取行动，所以美国证交会严厉打击了那些发行基于区块链通证的去中心化公司。2019年9月，利文斯顿宣布关闭Kik公司的应用程序（后来撤销了这个决定），但承诺Kin通证继续存在。Kin通证的价值随之下跌了36%，降至接近于零的价位（从0.001 2美元跌至0.000 008美元）。Kin通证在2017年10月至2019年12月的变化情况如图4-1所示。

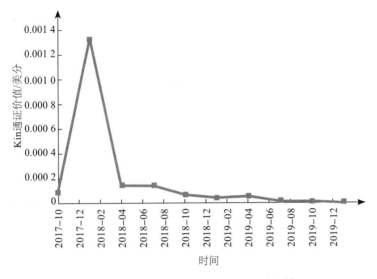

图4-1 Kin通证在2017—2019年的价值变化情况

　　Kik公司并不是2017年唯一宣布发行加密货币通证的社交媒体公司。另一个关注隐私的短消息应用程序Telegram也计划发行Gram通证，并为其制定了一套复杂的、分为两个阶段进行的ICO计划。根据该计划，Gram通证将在一个名为TON（Telegram Openning Network）的公有区块链上运行。Gram通证第一阶段的发行计划直接面向包括资本基金的合格投资者，而且这一阶段大获成功，募集资金超过17亿美元（折合人民币约为110亿元）。由于Telegram仅向合格投资者发行Gram通证，因此成功避开了监管机构的瞩目。该公司悄然取消了拟议的第二阶段发行计划，该阶段原本是面向公众的众筹活动。

天秤币（Libra）是脸书公司的一项雄心勃勃的计划。作为它的先行者，Gram通证的设计目的被认为是方便Telegram用户之间直接进行价值转移，整个转账过程在应用程序上即可完成，没有银行的介入。Gram通证还旨在推动Telegram用户利用发布的内容获利，这样一来，在Telegram网络上创建有用的应用程序并与之集成的开发人员可以得到奖励，通过Telegram聊天组等渠道给平台贡献内容的用户也可以得到奖赏。Gram通证主要的目标用户群是Telegram原本的用户群。Telegram具有制作精良的手机端和电脑端用户界面，并且带有注重隐私的特性，与WhatsApp不同的是，它还允许用户创建没有成员数量上限的聊天群，凭借这些优势，Telegram成为大多数加密货币和ICO首选的沟通平台。

因此，人们对Gram通证的潜力产生了巨大的兴趣，甚至在发行之前，它的价格就受到了投机价格大幅上涨的影响。Gram通证通过一种名为未来通证简单协议（SAFT）的特殊机制出售给投资者，该机制实际上赋予了投资者在通证被创建之前就购入它们的权利。一家名为Gram Asia的韩国公司决定出售其在一家日本加密货币交易所Liquid的SAFT权益，售价为该公司在众筹中所支付金额的3倍。而（每4美元1枚的高价）购买了该通证的零售客户却不能提现或出售这些通证，他们被迫等到该通证发行后才能进行这样的投资。这是一场豪赌，因为这意味着，即使Gram通证的期货价格在发行前就开始下跌，它们也将被锁定而无法脱手。

不幸的是，2019年10月，美国证交会颁布了一项紧急行动和限制令，禁止Telegram在美国出售该通证，并同时调查该公司是否违反了现行的证券法规。2020年1月，Telegram在官方博客上发表了以下声明，以表明他们一直希望TON区块链成为一个完全去中心化的网络，并没有在上面开发应用程序的意图——"Telegram及其关联公司未做出任何承诺或保证将为TON区块链开发任何应用程序或功能，也未承诺在TON区块链平台启动后以任何方式对其做出任何贡献。实际上，Telegram可能永远不会进行以上行动"[2]。

上市的一再推迟促使Liquid交易所取消了Gram通证的发行计划，并向买家返还了由第三方托管的所有资金。2020年1月，美国证交会在博客发表了一篇文章，内容十分简单——"根据Gram通证的销售条款，由于TON主网在2019年11月30日之前一直未被推出，现要求Liquid交易所返还其用户在Gram通证销售计划中认购的所有资金"。[3]

4.2 稳定币——泰达币、Makerado币及其他质押物支持货币

Kin和Gram这两种通证的设计方式与第三章中介绍的加密货币类

似，它们的价格随供求关系的变化而起伏。不过，有公司设计了另一种数字货币来消除这种波动性，它们就是所谓的稳定币——一种价值（通常）与某种法定货币或一篮子法定货币挂钩的数字货币。虽然"一个比特币总是值一个比特币"的说法有些道理，但由于比特币和其他通证具有波动性，在大多数支付都是以英镑、美元、欧元、日元或人民币来完成的世界里，人们往往很难预测或管理自己的支出。

仅靠比特币来存活于世并非没有挑战。在许多以加密货币和区块链为核心业务的公司中，员工可以选择以比特币的形式来获得薪酬，有的公司还发布了一些方便此事的机制和软件。例如，公司和员工间先就薪资达成某种用美元衡量的数额的协议，然后在发薪日用加密货币来支付相应的金额。当然这也意味着在交房租日子到来之前，员工们会度过一段焦虑的时光，因为他们需要观察手中的比特币价格在这之前有何变化。诚然，许多员工都从这类协议中获取了利益，但那些发薪水的日子刚好赶上比特币价格暴跌时段的员工就没那么高兴了。

在很多例子中，当商品和服务以美元、英镑或欧元定价时，可以用一种数字支付方式来代表用法定货币计算的预测价值。ConsenSys曾发表过一篇名为《稳定币状态》（*The State of Stablecoins*）的报告，里面提道："稳定币是为那些需要低波动性阈值的去中心化应用而设计的，这些应用程序需要满足这一条件才能在区块链上运行。"[4]

尽管人们对稳定币的兴趣在2018—2019年才出现激增的态势，但在比特币诞生之初，挂钩于一种或多种法定货币的数字货币构想已经产生。虽然这些稳定币在稳定性上有细微的差别，但我们将从两个主要类别中各挑选一个例子来进行介绍——一种加密货币包括泰达币（Tether），由一个中心化公司发行，至少部分由美元储备作支持；另一种加密货币包括Dai币和Sai币，它们由基金会管理，并在以太坊区块链上发行。

稳定币的原理如下。为了保持稳定性，稳定币必须由其他类型的货币或资产储备提供支持。如果某公司发行的加密货币通证从价值上与法定货币挂钩，那么其用户需要相信该公司拥有足够的现金储备，有能力以票面价值赎回通证。

正如我们在上一章讨论的，合约币和万事达币项目是最早利用和扩展比特币区块链功能的网络，万事达币后来更名为Omni币。作为泰达币（Tether）的前身，真实币（Realcoin）就是在万事达币项目上发行的。第一枚真实币发行于2014年10月。稳定币在下面的案例中解决了人们迫切的需求：在购入泰达币以后，加密货币的交易者能够在交易所中持有以美元等价物计价的泰达币储备，从而在不使用美元的情况下轻松买入和卖出比特币。2015年1月，泰达币在Bitfinex交易所正式上线。

也有人质疑泰达币是如何获得支持，以及该公司是否有足够的美元储备来保障货币的发行计划。2018年，尽管现金储备不足的谣言满天飞，但泰达币的价格也仅仅短暂下跌至0.88美元（折合人民币约5.7元），这是由于惊慌失措的交易者将资金转移到比特币，担心一旦出现问题，他们将无法从泰达币赎回现金。不过2019年4月，泰达币发行公司的律师证实，公司有足够的现金储备和短期存款来赎回该币74%的发行量[5]。随后泰达币的价格得到平衡，重新回到与美元相当的水平。加密货币爱好者十分重视去中心化和透明度，在这样的环境下，如果一个项目必须通过私营公司提供审计才能获得信任，那么该项目不可避免会受到加密货币爱好者的怀疑。

与泰达币一样，"一母同生"的Dai币和Sai币均为稳定币。它们与美元的汇率大约为1：1，稍有浮动。这两种稳定币维持与美元的挂钩，由此通过以太坊智能合约中内置的自动定价机制来保持自身的稳定性。任何人都可以将他们持有的以太币锁定在智能合约中，以生成Sai币（令人困惑的是，抵押以太币来生成的加密货币最初被称为Dai币；时至今日，用户可以存入几种不同类型的通证作为生成Dai币的抵押物，不过只有通过抵押以太币来生成的稳定币才能被称作Sai币）。我们从上一章节了解到，以太坊是一个公有区块链网络，任何人都可以查看上面的交易和通证去向。因此，与泰达币不同，以太坊用户在交易时不需要依赖第三方[6]。

不过，代码必须是可信的。正如我们在描述比特币原理时所提到的，如果世界上任何人都可以查看比特币的代码，这就意味着世界上任何人都可以为它的安全做贡献。如果一家私营公司的代码有漏洞，该公司产品的消费者肯定希望该公司的软件工程师能找到并修复这个漏洞。2019年秋季，MakerDAO[①]经历了一次软件升级，之后发生的事件就是很好的例子。许多公有区块链公司都利用"漏洞奖金"来协助自己发现软件的漏洞，它们会向善意的黑客支付奖金，以期在代码错误产生问题之前就能得到解决。幸运的是，这个漏洞一直离实时网络足够远，所以从未导致出现任何问题。但它可能招致毁灭性的灾难——不法分子可能利用这个漏洞，用极少的抵押物来创建无限数量的Dai币。这个险些酿成大祸的失误有其两面性：它体现了一种系统上的缺陷，展现了某个漏洞；但它同时也体现了公有链公司与黑客之间的协同合作与MakerDAO的透明度，促使更多人关注出现的问题。

MakerDAO被视为一个成功且有趣的项目。第一枚Dai币于2017年12月发行，尽管它当时的市值仅占泰达币市值的一小部分，但作为一项有趣且不断发展的技术，仍受到了分析师的密切关注。要详细解释"债务抵押头寸智能合约"的原理及价格调整机制背后的技术，

---

① 　一个基于以太坊的去中心化平台，也是稳定币 Dai 的提供者。—— 译者注

至少需要一章的篇幅，如果你想更多地了解内容，我建议你阅读Dai币白皮书。在第十章中，我们将介绍Sai币和Dai币在蓬勃发展的去中心化金融（DeFi）生态系统中的作用，但目前，我们只需明白它们的用例远不止于简单的支付。

目前市面上有60多种稳定币，其中一些稳定币的主要作用在于充当交易所内部"法定货币兑换加密货币"（Fiat-to-Crypto）的桥梁，还有一些稳定币的团队描绘了更加宏伟的蓝图。此外，还有100多种稳定币处于开发阶段。一些稳定币由法定货币储备提供支持（譬如泰达币、TrueUSD和Gemini双子币），其他稳定币则由加密货币支撑［比如Dai币及比特股（BitShares）］。还有一些稳定币由贵金属作支持（例如PAX Gold或Digix Gold）。稳定币显然是一项有巨大潜力的技术，所以世界上一些商业巨擘都不会轻易放弃这个市场。尽管摩根大通集团的董事长兼首席执行官杰米·戴蒙曾对比特币发表过严厉的批判言论，但该集团早就启动了名为摩根币（JPM Coin）的项目；零售业巨头沃尔玛也为它的稳定币项目申请了加密货币专利。相较之下，脸书公司的天秤币新型稳定币项目令这些头条新闻显得黯然失色。我们将在本章继续讨论这个计划，因为无论它成败与否，这个项目在许多方面都革新了加密货币圈的行业规则。世界上主要的几种稳定币及其在2020年1月的市值如图4-2所示。

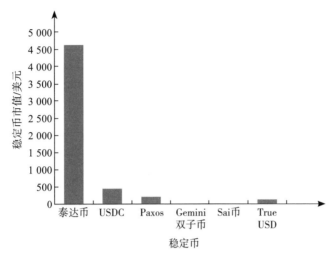

图4-2 主要稳定币及其在2020年1月的市值

4.3 脸书公司和它的天秤币储备基金项目

通常情况下，公司不会大张旗鼓地宣布推出新型稳定币项目。如果该项目有利可图或有一些技术创新可以投入使用，那么交易者、分析师和风险资本家一定会有所发现。然而，2019年6月，脸书公司发布了一项声明，使得脸书公司不仅登上财经报纸的头条，而且也成为全球主流媒体争相报道的焦点——脸书公司即将发布加密货币项目白皮书，其中详细介绍了他们与包括万事达、贝宝、Stripe[①]等集团伙

---

① 一家提供跨境互联网支付服务的英国公司。—— 译者注

伴合作开发的数字货币。该项目被称为天秤币储备基金，涉及一种全新加密货币的创建，并由一个基金会管理。

天秤币项目十分超前，这令业界观察员大感意外。许多加密货币白皮书中都包含关于未来将要开发测试网络的模糊承诺，然而天秤币项目的测试网络及一种全新的编程语言已经做好上线的准备，开发者可以随时构建第三方应用程序。还有一个令人惊讶的事实——脸书公司愿意放弃统筹管理，接受一定程度的去中心化；它开发出开源的软件，而不是禁止他人获得代码。加密货币的反对者可能会认为，真正实现去中心化的货币将吸引下一代人远离现有的银行体系，他们已经预见这种情况所带来的长期威胁。因此，这些反对者们正在努力避免这种威胁，而且这种行为并非只是出于兴奋和创新。

无论出于什么动机，脸书公司这个大胆且雄心勃勃的项目都旨在解决全球银行体系无法解决的一些问题：它能为世界上最贫穷的人群提供包容性金融服务，这些人囊中过于羞涩，以至于银行不想把他们纳入客户的范畴；它能提供个人对个人的实惠而快捷的汇款服务，这个个人对个人汇款群体目前只能寄希望于西联汇款等服务，而这些服务费可能占到汇款额度近20%；它还能为脸书公司旗下的通信软件WhatsApp提供原生通证，允许用户像发送照片或短信一样快速私密地转账。

天秤币项目由许多不同的可移动部分组成，包括由脸书公司一个团队开发的Calibra[1]钱包（允许用户消费及接收通证）、天秤币区块链本身，以及该项目最重要的部分——天秤币储备基金，一个总部位于瑞士日内瓦的法定资产托管服务机构。

虽然脸书公司正在推进这个天秤币项目，并承担了迄今为止的所有技术开发，但他们在白皮书中明确表示，一旦天秤币储备基金推出后，他们将只是众多支撑这一新型数字货币的相关利益方之一。该计划背后的联盟集团名单令人印象深刻，你可以在下文读到这份名单。参与天秤币储备基金的20个成员除了支付领域的公司外，还覆盖了诸多行业，包括运输公司来福车（Lyft）和优步（Uber），以及娱乐公司声田（Spotify）和电子商务公司易贝（eBay）。

尽管该天秤币项目有许多方面仍在讨论中，其推出时间表也可能会有所调整，但无论何时或以何种方式启动，这一雄心勃勃的全球事业所面临的挑战仍将保持不变。

4.4 天秤币项目所面临的挑战

与Dai币和泰达币一样，为了发行全新的天秤币证，在生成它们之前，公司需要将等值的资产存入储备基金，发行的每一枚天秤币都

---

① 天秤币的数字钱包。——译者注

由约定金额的抵押物提供担保。又或者，正如白皮书所提到的："为了创造新的天秤币，必须为它们购入同等价值的法定货币，并将这些法定货币转移到储备基金内。"因此，随着用户对天秤币需求的增加，储备基金也会上升。不过，天秤币和其他稳定币之间还是有重要的区别。其中与Dai币和泰达币不同，一枚天秤币并不总是等于或者少于1美元。也就是说，泰达币或Dai币的价值总是很接近1美元，但天秤币的价值可能会波动。这与实际情况相符，因为天秤币是稳定币，但它是与一篮子资产挂钩的稳定币，而不是仅挂钩于一种法定货币。天秤币和其他稳定币还有一个关键的不同点，天秤币只能在由合作公司管理的计算机上运行，并非由加入天秤币区块链网络的任意用户来运行。换句话说，用户需要得到许可才能运行它。

让我们进一步探讨天秤币与一篮子资产挂钩的概念。在脸书公司的愿景中，天秤币是真正意义上的全球货币，这意味着它不应仅仅充当让不同国籍的人持有美元的角色。相反，天秤币储备基金旨在汇集一批具有低波动性的资产，包括由各国央行发行的银行存款和政府债券，这些央行背靠局势稳定且信誉良好的国家。这就意味着，单位天秤币对任意国家货币的汇率并不是恒定的。但正如美元指数对一篮子货币的汇率一样，它在一段时间内应该保持大致相同的购买力。当然，我们还需要理解购买力的概念，以及当一个或多个国家面临通货膨胀时，购买力究竟意味着什么。

天秤币协会（Libra Association）①在成立大会上公布的21个会员名

单如表4-1所示。

表4-1　Libra Association公布的21个会员名单

序号	会员（公司）	序号	会员（公司）
1	安克雷奇（Anchorage）②	9	伊利亚特（Iliad）⑦
2	安德森·霍洛维茨（Andreessen Horowitz）③	10	奇瓦微基金（Kiva Microfunds）⑧
3	野牛小径公司（Bison Trails Co.）④	11	来福车公司（Lyft, Inc）
4	突破计划有限合伙人（Breaktrhough Initiatives, L P）	12	国际美慈组织（Mercy Corps）
5	校验公司（Calibra Inc.）	13	随用随付（PayU）⑨
6	货币之基公司（Coinbase Inc.）	14	里比特资本（Ribbit Capital）⑩
7	创造性破坏实验室（Creative Destruction Lab）⑤	15	声田AB（Spotify AB）
8	发发奇英国有限公司（Farfetch UK Limited）⑥	16	兴盛资本（Thrive Capital）⑪

---

① 脸书公司发起的有关 Libra 通证的协会。——译者注
② 一家美国加密本地数字资产托管商。——译者注
③ 一家位于美国硅谷的风险投资公司。——译者注
④ 一家位于美国纽约的加密货币基础设施提供商。——译者注
⑤ 一个为科技创业公司提供支持的非营利组织。——译者注
⑥ 又称"发发奇"公司，英国奢侈品牌电商平台。——译者注
⑦ 法国电信集团。——译者注
⑧ 一个非营利性小额信贷网站。——译者注
⑨ 一家向在线商家提供支付技术的金融科技公司。——译者注
⑩ 一家金融科技风险投资公司。——译者注
⑪ 一家风险投资公司。——译者注

续表

序号	会员（公司）	序号	会员（公司）
17	优步科技有限公司（Uber Technologies, Inc）	20	世界妇女银行（Women's World Banking）
18	合广投资（Union Square Ventures）①	21	Xapo控股有限公司（Xapo Holdings Limited）②
19	沃达丰（Vodafone *）		

注：1.来源于天秤币协会（2019）[7]。

2.沃达丰于2020年1月宣布退出天秤币项目。

　　天秤币项目的白皮书接着指出："……在设计一篮子资产的结构时考虑到了资本保全和流动性。在资本保全方面，本协会只会投资那些违约概率较低、不太可能经历高通货膨胀的稳定政府债务。"承诺选择一篮子能维持其价值的资产非常重要，因为这意味着天秤币储备基金的托管人必须先保证他们所代管的抵押物不会受到通货膨胀的侵蚀，这样才会有动力继续行使托管权。

　　这种稳定性承诺意味着人们不会痴迷于将天秤币作为投机工具，但这在一定程度上取决于使用天秤币的国家是否具有稳定的本国货币。我们不需要回顾魏玛共和国就能了解恶性通货膨胀所带来的毁灭性影响。任何一个曾经在2007—2009年的津巴布韦、20世纪90年代

---

① 　一家风险投资公司。——译者注

② 　一家投资公司。——译者注

的阿根廷或当今的委内瑞拉生活过的人都可以证明，一旦出现恶性通货膨胀这种死亡式螺旋上升，民众就会处于水深火热中。但是，人类是一种具备发明创造能力的生物，而我们在第一章中也讲述过，如果双方同意，任何物品基本上都可以作为支付手段。

人们总是根据他们所掌握的信息，把货币放到最佳情境中为自己赚取利息，或者即使在最坏情况下，极力保证这些货币至少不会贬值。在一个实行资本管制的经济体中，政府往往在货币危机时期进行资本管制，而相比大公司和高净值个人而言，普通人几乎无法获得提供资产保护的金融工具。

如上所述，脸书公司在全球拥有超过20亿用户，并允许他们把天秤币储备基金作为支付手段，这意味着突然将规避使用本国货币的机会交到20亿人手中。在委内瑞拉和津巴布韦，比特币使用率已经出现了激增[8]。但这部分用户群仅限于那些偏好高风险的民众，他们了解技术，因此能够安全地购买并持有去中心化加密货币。相比之下，WhatsApp等公司仍在开发能将天秤币和脸书公司的产品整合起来的工具，以确保技术水平较低的人群也能参与进来。在第十一章中，我们将详细介绍数字货币的总体监管机制，但在谈论天秤币项目之前，我们必须先聊聊各国政府对天秤币项目的第一反应。

4.5 政府对天秤币项目的反应

分析师一直对脸书公司的做法及天秤币项目的宣布时机感到困惑。这是一项可能对各国货币构成系统性风险的创新，但脸书公司在投入大量开发资源并宣布该项目之前，并未与监管机构的核心部门进行沟通，这种操作似乎令人迷惑。虽然这一宣布似乎令美国证交会措手不及，但法国和印度等国政府迅速对该项目表示谴责。许多政府要职人员好像并不清楚加密货币和数字货币迅猛发展的势头，所以在全球部分商业巨擘的支持下，一个完全成形的去中心化数字货币计划横空出世，这对他们来说是个巨大的冲击。

天秤币也潜在地影响着经济政策不好的国家的法定货币，而且这种影响已经远超过系统性风险。即使只是一小部分脸书公司用户使用天秤币，天秤币所挂钩的构成也会给抵押资产市场带来极大影响。值得注意的是，在为天秤币提供支持的一篮子资产中，货币的类型和比例并非一成不变，而是随着时间的推移而改变。例如，如果决定储备资产构成的经济学家认为某国政府的政策可能会导致该国法定货币出现通货膨胀，那他们可能会降低这种货币在一篮子中的比例。我们设想这样一种情况：某国货币能否被纳入天秤币的一篮子资产成为该国一个重要的经济指标。

天秤币项目的发布具有划时代的意义，因为这标志着第一种真正意义上可以被世界上任何地方、任何人所使用的货币诞生了。在脸书公司的构想中，天秤币是一种可以畅通无阻、并以几乎免费的形式来传递价值的方式；还是一种变革性的支付工具，将数字支付带到附近没有银行的人群身边。无论天秤币的包容性及真正的国际化潜力让其创造者多么自豪，许多政府将天秤币的功能视作绝对的系统漏洞。在极端情况下，天秤币项目不仅会对脆弱的国家法定货币构成生存威胁，而且还会限制政府实施资本管制的能力。即使在经济状况健康的国家，公民使用非法定货币之外的货币也让政府官员心生担忧。

英格兰银行①（Bank of England）前行长马克·卡尼（Mark Carney）一直对基于区块链的货币潜力持谨慎乐观的态度。他是首个对天秤币项目公开发表评论的人。在天秤币上线后的一周内，他表示天秤币需要被"直接监管"。其他国家在数月内也对天秤币项目进行了表态。与这些意见相比较，卡尼的评论已属积极。脸书公司此举似乎让各国政府和监管机构都大吃一惊。一直以来，比特币及其他加密货币都只是一种非常小众的担忧，或许是自满情绪及各国政府一直坚信当前金融体系永不会改变，以至于他们对这一领域的崛起视而不见。

尽管很多国家在对天秤币项目表达保留意见时措辞没有那么严

---

① 英格兰银行，英国的中央银行。——译者注

厉，但还是惊愕于一家美国公司在本国能行使与其规模不成比例的权力。不过这些国家的监管机构再怎么表达愤怒和恐慌，其程度都比不上美国本土的监管机构。2019年7月10日，时任美联储主席杰罗姆·鲍威尔（Jerome Powell）在美国国会众议院金融服务委员会出席例行听证会时宣布，在解决好监管问题之前，天秤币项目应暂缓发布，理由是该项目拥有数量庞大的潜在用户，可能给经济带来系统性崩溃的风险。

虽然鲍威尔也谈到了对洗钱、隐私和金融稳定的担忧，但与众议员布拉德·谢尔曼（Brad Sherman）的言论相比，他的评论已经显得很温和了。谢尔曼在评价天秤币项目时表示，天秤币"为毒贩、人贩子、恐怖分子、逃税者及逃避制裁者提供隐私保护"。不仅如此，他还在一次演讲中慷慨激昂地将马克·扎克伯格（Mark Zuckerberg）的行为与本·拉登进行比较，他讲道："一些人告诉我们，创新总是好事情。本世纪发生的最具创新性的事件莫过于本·拉登的一个创新想法——驾驶两架飞机撞上双子塔。（扎克伯格的计划）将是一次彻底的创新，尽管这可能给美国带来程度甚至比'9·11'事件更严重的灭顶之灾。"[9]

与此同时，长期抨击脸书公司的众议员马克辛·沃特斯（Maxine Waters）也发表声明，要求政府不仅要叫停天秤币项目，还需要为加密货币建立一个全新的监管框架[10]。她表示：

　　脸书公司宣布创造一种加密货币计划，这意味着它正在继续进行无限制的扩张，并将其触角伸到用户的生活中。加密货币市场目前缺乏明确的监管框架，无法为投资者、消费者和经济提供强有力的保护。监管者应该把这个计划视作警钟，必须认真对待加密货币给国民隐私、国家安全、网络安全及交易安全带来的风险。

　　她同时还要求脸书公司的高管出席国会的听证会。

　　要理解美国的政策制定者为何对脸书公司的提议如此愤怒，我们需要了解两件事：①政府害怕把控制权拱手让给大型科技公司；②许多立法者对政府监管仍抱有非常传统的看法。众议员卡罗琳·马洛尼（Carolyn Maloney）在当年7月17日的听证会上表示："我认为根本不应该推出天秤币项目，因为发布新型货币是政府的核心职能。"她的话也代表了很多人的观点。

　　尽管众议员马洛尼对天秤币项目持保留态度，但她还是支持开展一个小范围试点项目，即在监管部门的全面监督下，脸书公司将天秤币推广给约100万名客户。不过，其他国家的一些官员则表现出了更为强硬的态度。在隐私保护等问题上，欧盟各成员国一直在与硅谷的科技巨头缠斗（最近出台的通用数据保护条例就是一个例子）。尽管法国对比特币及其他加密货币表现出相当通融的态度（更多信息请见第十一章），但法国财政部长布鲁诺·勒梅尔（Bruno Le Maire）于2019

年9月12日还是表示，他想全面禁止天秤币项目进入欧洲。

虽然勒梅尔没有详细说明如何实施这项禁令，但他的言论无疑表明，在欧盟同意天秤币进入欧洲之前，天秤币面临着诸多挑战——"天秤币所引起的担忧十分严重。因此，我想非常明确地表示，在这种情况下，我们不能批准脸书公司在欧洲推行天秤币。"[11]与此同时，瑞士监管机构还注意到天秤币协会将总部设在日内瓦，开始呼吁各国在监管新货币方面展开国际合作。到了2019年秋末，法国和德国认为只有监管机构的介入已经不够，两国政府更多表现出共同禁止天秤币的意向。他们还发表了联合声明，呼吁加快发行由政府支持的数字货币。

想要禁止天秤币的国家并非只有法国和德国这两个国家，在脸书公司甚至还没有宣布该计划之前，印度就已经出台了堪称世界上最严厉的加密货币法律，一项拟议的法律甚至威胁要对数字货币交易者处以10年监禁。尽管（又或许是因为）脸书公司参与其中，印度政府对天秤币的态度并不比替代性加密货币友好，因此，印度的2.6亿名脸书用户应该会错过使用天秤币的机会。

无论是否受到监管部门对该项目态度的影响，2019年秋，天秤币最初的合作伙伴名单上出现了某种程度的成员流失——缤客控股（Booking Holdings）①、易贝、万事达卡、Mercado Pago②、贝宝和

---

① 一个提供旅游相关服务的集团。——译者注
② 一家提供在线支付服务的拉丁美洲公司。——译者注

Stripe都退出了这个项目，维萨也明确表示从未实质性地参与该项目。剩下的21名合作伙伴于2019年10月正式签署了一份章程，表达了对天秤币的支持（其中的沃达丰将在三个月后退出）。2020年1月，天秤币项目成立了一个技术指导委员会。

4.6　有漏隙的国境

当旅客过境时，总会在机场看到指示牌，上面标有出入境时必须遵守的可携带黄金或现金等资产的限额。这背后不仅有相关海关立法，还有各国出台的反洗钱法，较弱小的经济体甚至可能会实施资本管制，以阻止资产流到境外。在加密货币诞生之前，政府机关很容易掌握资金转移人的姓名及资金转移的目的地，因为这些资金要么通过银行账户来转账，要么通过实物来转移。

加密货币改变了这一点。虽然在手机上的比特币钱包存入几百万英镑听起来非常不可取，但如果你足够相信自己的记忆力，想要通过牢记由12个单词组成的助记符来恢复这个钱包，那是可能实现的。如今，人们只需一眨眼的工夫就能越过国境，让海关人员搜查每一个旅客的手机是不切实际的。有趣的是，像新西兰等部分国家最近出台了一项法律，明确规定到达新西兰的游客必须做好手机被查的准备，但实际上，成功搜查的概率如大海捞针一般微小。

任何情况下，加密货币的用户不需要真正地出境来完成加密货币的跨境转移。正如第二章中介绍的，由于比特币支付并非完全是匿名的，总是有迹可循，除非采取特殊措施隐藏自己的活动，否则无法在一定程度上实现"销声匿迹"。这就意味着，比特币支付最多只能以假名的形式进行，完全匿名的支付是不可能存在的，因此，很难阻止比特币在地理空间的（例如在一个国家）流动。印度等国家正在计划采取严厉措施，以防止境内出现加密货币的交易，但人们通常会在权衡利弊后愿意承担一些风险。虚拟专用网络（VPN）等技术的存在也意味着即使政府在国家层面封锁了特定网站或技术，真正下定决心的用户也还是可以绕开这些"障碍"。

当政府或公司使用某种方法来限制特定网站的访问时，他们会检测访问设备的IP地址，并禁止用户访问某个区域的IP地址。由于IP地址与位置相关，并且能够被本国政府识别出来，政府或公司很容易设置访问限制。然而，正如大多数互联网用户所知，无论IP地址是位于公司内部、用于远程办公的地址，还是位于其他国家或地区的地址，用户如果使用相应的VPN，就可以绕到位于另一个地理位置的服务器上进行活动。使用VPN来解决地域限制是很常见的操作，因此很容易看到加密货币在没有明确监管批准的情况下，如何从一个地区转移到另一个地区。

KYC（Know Your Customer）[①]流程是加密货币交易所确保客户遵守当地法律的一种方式，但去中心化金融行业的增长在一定程度上降低了政府行为的影响，我们将在后面的章节中对此进行介绍。通常情况下，公司为了避免受到某些国家的制裁，会自行屏蔽那些来自这些国家的IP地址，但这往往只是一种逃避方式，并非为了真正的屏蔽。

总而言之，我们已经了解到脸书公司面临着一个极大的挑战，不仅需要对软件开发进行大量的投入，需要与其他大型科技公司进行合作，而且还必须迎接来自全球各国政府的"挑战"，并"安抚"他们的愤怒情绪。如果背后的利益不够大，那么脸书公司不会甘愿承受这些辛苦，因此，我们来分析天秤币项目到底对他有何裨益。与科技及金融领域众多有影响力的巨头公司一样，脸书公司认为数字货币将在未来成为支付手段，与其袖手旁观、坐等别人来开发顺利流通且免费完成支付的稳定币，他们决定不如自己来完成这个任务。同样值得注意的是，天秤币协会还公开表示，他们计划使用抵押资产换取的利益来激励公司用户接受天秤币。脸书公司的这项计划表明其已经做好大力推广新型加密货币的准备。背靠着一个20亿用户的市场，天秤币的

---

① KYC 法则要求金融机构实行账户实名制，了解账户的实际控制人和交易的实际收益人，同时要求对客户的身份、常住地址或企业所从事的业务进行充分的了解，并采取相应的措施。——编者注

使用量将数倍地超过以前的其他社交媒体通证及其他稳定货币。

目前为止，我们讨论的数字货币几乎只是普通货币的翻版，只不过是以电子方式来转移价值单位。不过，我们还需要明白，除了作为一个服务费率低廉、快速而可靠的支付系统，加密货币通证还具有其他特殊的属性，它的作用可不仅仅是充当货币。在接下来的章节中，我们将研究通证是如何针对特定目的而进行演变，以及智能合约的工作模式，同时研究通证经济学是如何在这些新型货币的设计和实现中发挥作用的。

参考文献

[1]Popper, N and Isaac, M (2019) Facebook and Telegram are hoping to succeed where Bitcoin failed[N], *New York Times*, 28 February.

[2]Telegram (2020) A public notice about the TON Blockchain and Grams[EB], 6 January.

[3]Palmer, D and Baydakova, A (2020) Liquid exchange cancels sale of Telegram's Gram Tokens[EB], *CoinDesk*, 16 January.

[4]ConsenSys (2019) The state of Stablecoins[EB], 2019, 16 August.

[5]De, N (2019) Tether lawyer admits stablecoin now 74% backed by cash and equivalents[EB], *CoinDesk*, 1 May.

[6]Manrique, S (2019) What is DAI and how does it work? [EB]*Medium*, 7 February.

[7]Libra Association (2019), Libra Association fact sheet[EB], 14 October.

[8]Meredith, S (2019) Bitcoin trading in crisis-stricken Venezuela has just hit an

all-time high[N], CNBC, 14 February.

[9]The Week (2019) Democratic congressman says Facebook's Libra "may do more to endanger America" than 9/11[J], The Week, 17 July.

[10]Jones, C (2019) France says it won't allow Libra in Europe[N], Financial Times. Alphaville, 12 September 2019.

第五章

通证经济学与治理

在我们习惯的认知中，通证是加密货币的一个单位，至少在本书前几章中，我们都是这样使用它。在介绍通证经济学（Tokenomics）之前，我们先来看一看"通证"在脱离加密货币特定关联的情境下有怎样的含义。

《牛津英语词典》（2010版）[1]是这么定义"通证"这个名词的：

它是一种能代表事实、质量、感觉等的可见或有形的事物；

它是一张可用于商品或服务交易的凭证，人们通常把它作为礼物或促销活动的一部分。

此外，美国国家标准与技术研究所（National Institute for Standards and Technology，NIST）通过它的计算机安全资源中心[2]认为，加密通证是：

一种加密密钥。

在加密货币中，我们可以把通证看作介于以上两种定义之间的产物。与停车券、超市购物券、地铁票等实体通证不同，加密货币通证在某种意义上能代表价值，有意愿的各方之间可以将其兑换成其他通证或法定货币，并赋予持有人享受特定单位的商品或服务的权利。我们似乎在玩文字游戏，将实体通证与数字通证的含义混为一谈。但事实上，用数字通证来表示真实世界资产和行为的基本哲学思想是理解通证运作方式和通证经济学原理的关键。

通证经济学是一个新发明的合成词，它结合了"通证"和"经济学"这两个词，用来描述能决定特定区块链内部经济及其与外部世界互动方式的规则和框架。虽然传统经济学分为微观经济学和宏观经济学，但在被我们称作通证经济学的领域中，微观经济学和宏观经济学的区别并不明显。有分析师将这项新研究分为微观通证经济学（挖矿激励、通货膨胀率和其他与区块链本身相关的事物）和宏观通证经济学（参与者与通证的互动、交易所的流动性及治理等外部因素），肖恩·奥（Sean Au）和托马斯·鲍尔（Thomas Power）在他们的著作《通证经济学》（*Tokenomics：the crypto shift of block chains，ICOS，and tokens*）中也是如此对通证经济学进行分类[3]。但我认为，这种基于仍在讨论中的通证经济结构的分类可能有些武断。

通证经济学理论与传统经济模型能达到怎样的匹配程度呢？答案也许是部分匹配，非全部匹配。在传统经济学中，微观经济学研究的是个人、公司及其他小范围团体的决策，宏观经济学研究的是整个经济系统的结构和表现。因此我们认为，像脸书公司的天秤币项目这种致力于建成全球化的系统中考察激励机制及通货膨胀率可以归为宏观经济学的范畴。在这样一个全新的领域里，微观经济学和宏观经济学的定义并不固定且可能发生变化，而且由于传统经济学中并没有天秤币项目这样的系统，因此，我们可以质疑现有的经济学术语如何能与这一新兴系统中的新型实体对应。

也许有人会问，在定义层面上，加密经济学（Cryptoeconomics）和通证经济学是两个可以互换的术语吗？我认为不可以。从加密经济学的不同定义（包括麻省理工学院加密经济学实验室对它的定义）中可以发现该术语更多地涉及使用密码学来解决激励问题，并侧重于使用数学或博弈论处理网络问题。因此，加密经济学是通证经济学的一个子集。当我们深入研究加密经济学时，还发现制度加密经济学这一细分领域，它着眼于区块链（或分布式账本）如何使用规则来构建数据的方法，从而为人类社会带来秩序——由密码学保障且无须依赖信任的总账所带来的制度性后果[4]。

Outlier Ventures①公司拥有在新兴通证经济学领域处于领先地位的权威专家，负责加密经济学部门的伊顿·达利瓦（Eden Dhaliwal）和泽伊内普·居尔居奇（Zeynep Gurguc）博士曾发表了一篇论文，并推荐那些对通证设计感兴趣的人阅读[5]。在这篇论文

---

① 一家总部位于英国伦敦的区块链风险投资机构。——译者注

中，作者强调了组建具有必要技能的团队非常重要，这支团队能发掘加密学经济的需求，能详细说明这一全新的经济体系，对其展开设计并实施。同时他们也在论文中承认，这种团队很少。

5.1　智能合约

在以太坊或类似的区块链上发行的通证是由智能合约定义的。智能合约是一个没有特殊含义的术语，但被广泛应用于加密货币。目前为止，我们已经在书中多次提到智能合约，当人们在讨论智能合约时，常常会评价它们既不智能，也不是合约——它们只不过是在分布式系统上执行的计算机代码。智能合约通常会围绕某种协议来定义一些规则，以及在应对特定事件时应采取的措施。例如，当爱丽丝向鲍勃付款时，科林也应收到一定比例的付款。当智能合约在以太坊等拥有自身通证的平台上执行时，转账和支付之间产生了密不可分的联系。

在我们将某种通证用于构成更广泛通证经济的智能合约之前，需要先定义该通证及其指标，并发行该通证。这一系列操作通过智能合约来完成，而该智能合约必须符合特定的标准。智能合约需要明确通证的发行量、通证符号及可分割性，并明确该合约具有发送和接收通证并在钱包显示余额的功能。

以太坊智能合约的代码如图5-1所示，其中展示了以太坊ERC-20

通证智能合约最简单的代码形式。

```
contract ERC20Interface {
    function totalSupply() public view returns (uint);
    function balanceOf(address tokenOwner) public view returns (uint balance);
    function allowance(address tokenOwner, address spender) public view returns (uint remaining);
    function transfer(address to, uint tokens) public returns (bool success);
    function approve(address spender, uint tokens) public returns (bool success);
    function transferFrom(address from, address to, uint tokens) public returns (bool success);

    event Transfer(address indexed from, address indexed to, uint tokens);
    event Approval(address indexed tokenOwner, address indexed spender, uint tokens);
}

// ----------------------------------------------------------------------------
// Contract function to receive approval and execute function in one call
//
// Borrowed from MiniMeToken
// ----------------------------------------------------------------------------
contract ApproveAndCallFallBack {
    function receiveApproval(address from, uint256 tokens, address token, bytes memory data) public;
}

// ----------------------------------------------------------------------------
// Owned contract
// ----------------------------------------------------------------------------
contract Owned {
    address public owner;
```

图5-1　以太坊ERC-20通证智能合约代码

要理解图5-1所示代码并不需要具备专业的计算机编程知识。一般情况下，通证可能包含更详细的规范。不过，我们在这里所展示的智能合约只包含了最基础的指令，有了这串指令，该合约就能在以太坊网络上传输了。其他区块链上的通证智能合约往往遵循同样的结构。例如，NEO区块链上的NEP-5模板，虽然它使用另一种编程语言编写，但其中也包含了通证供应量、小数点位置及其他符号［从这个意义上说，这就是它的调用代码，正如以太币之于以太坊，或艾达币（ADA）之于卡尔达诺（Cardano）区块链项目］。

在智能合约内，程序员可以针对特定的区块链网络定义一些专属规则及参与规则，例如通证转让的方式及时间，或者生成通证前所必须确认的条款。

现在，我们已经介绍了本章相关术语的定义。那么接下来，我们将介绍一些特定的指标，这些指标决定了通证经济中通证的价值和用途。

5.2　通证分类法

不同平台的通证模板具有许多相同的特征。以太坊公司联盟（Ethereum Enterprise Alliance，EEA）正在进行的通证分类项目是一个与技术无关的倡议，很多公司参与了该项目，其中包括埃森哲（Accenture）、西班牙国际银行（Banco Santander）、ConsenSys、Digital Asset[①]、安永（EY）、国际商业机器公司（IBM）、荷兰国际集团（ING）、英特尔和摩根大通。通证分类项目被有意设计成允许非技术人员访问，非技术人员可以在上面定义通证的特征（是否可替代、分割或转让），根据这些特征对通证进行分类，以便将用例映射到这些特征矩阵上。

伊顿·达利瓦（Eden Dhaliwal）认为，虽然这种分类法很有

---

① 一家区块链公司。——译者注

用，但在通证设计阶段，计算网络运行模式及增长过程比分类法更重要。他指出："比起固守分类法的成规，拓展人际网络、让人们接受你发明的通证、提升它的地位并捋清行为层面更加关键。"

5.3　市值

我们在第一章中介绍了法定货币的演变史，并将当今的国家货币与最初作为交换和价值单位的物品及商品做了比较。可以发现，最初的货币形式很大程度上需要依赖其稀缺性来维持自身价值，但自从法定货币不再把黄金作为后盾，这种稀缺性的概念不再适用。因此，我们无法通过政府发行货币的流通量来推算该货币的准确价值。

按照货币主义的汇率理论，货币在一个经济体系中的流通量越多，它的汇率就越低。尽管货币贬值意味着进口商品对本地居民来说更加昂贵，但对商品出口量很大的国家来说，货币贬值反而会产生正面影响。过去，只需简单地把政府发行的纸币和硬币总数量加起来就能了解货币流通量，而今天，衡量一个现代经济体的货币流通量要复杂得多。在今天的数字经济中，在像英国、法国和美国这样的国家里，货币供应量包括商业银行存款、中央银行信贷，甚至机构货币市场基金。例如，在2010年，在英国，纸币和硬币仅占总货币供应量的2.1%[6]。

如果我们想要对区块链上的通证进行估值，那么这个过程会很简单。通过紧扣供求规律，我们可以更轻易地将通证的总供应量作为影响价格的标准。当然，这并不是唯一的价值衡量标准。如果某枚通证完全无用，那么即使它所在的公有区块链上流通着1万枚通证，这枚通证的价值也低于拥有100万枚流通量的有价值的项目的通证。但是，在运行区块链的计算机代码中写入硬顶[①]（Hard Cap）通常是必要的，潜在用户可以借此了解该通证的价值是否能得到保留。对于学习经济学课程的学生而言，供求规律通常是最基础的内容——如果某样东西属于稀缺物品，那么对于它的涨价我们就会见怪不怪。这就是斯特拉迪瓦里制作的小提琴和凡·高的画能在拍卖会上拍出天价的原因，而一粒沙子的价值却几乎为零（我故意说成"几乎"没有价值，是因为一吨沙子还是有价值的）。

因此，当潜在买家评估某个项目的通证时，可能考虑的一个指标是该区块链可以生成的通证总量。不同项目可能具有不同的通证生成方式：一些项目把通证设计成根据特定的时间表而生成；而在另一些项目中，所有通证在项目开始就以"大爆炸"的形式进行创建，之后再逐步分发。无论采取哪种方法，分析师都会关注两个具体的数字——通证的当下流通量和最大供应量。

---

① 硬顶是投资者从通证首次发行中获得的最大金额。——编者注

加密货币的市值等于价格乘以它当前的流通数量，而不是乘以它的最大供应数量。如果流通数量突然翻番，人们会认为价格会下降（除了出现任何其他变化的情况以外，项目相关的利好消息表明加密货币的未来价值在增加）。比特币的倡导者指出，比特币的硬顶将永远停留在2 100万枚，这可以使比特币与黄金等"硬通货"一样具有价值。相比之下，艾达币最大供应量则略高于310亿枚，这也是艾达币的价格远远低于比特币的原因之一。稳定币的价值与法定货币挂钩，它的流通量始终与支持它的法定货币的流通量相等，我们在后面章节中也谈到了这个问题。

加密货币的发行时间表同样重要。如果区块链底层算法能决定任意特定时间点所生成的通证数量，那么用户很容易根据预估的供应量变化来定价。又以比特币为例，比特币生成的原因是为了奖励验证交易区块的员工，在可预测的定期间隔后，其供应量将会减半，因此在一定程度上，可以提前数月或数年对该数值进行较准确地预测。除非短期内发生的一些突发事件影响了比特币的生成计划，否则比特币供应量的增长速度将会放缓，价格逐渐上涨。通常情况下，针对以太坊等区块链上发行的通证，智能合约会定义好通证的发行时间。不过，如果全部通证都是预先开采好的（即在项目之初就已经生成），并且发行与否是由某种人为的投票机制决定的，那么用户有理由对这类通证保持警惕。

5.4　激励条件

当我们考虑公有链加密货币的时候，最难跨越的认知障碍就是集中式决策，例如是否应该由政府或私人公司进行决策。在某些例子中，构建区块链网络的组织可能是某个国家的上市公司，这些公司的结构往往和基金会一样，或者在比特币的情境中，这些组织也是完全去中心化的非法律实体。

某款特定网络的软件由某家公司进行开发，且该公司的开发人员负责对该软件进行更新，但是一旦这个软件发布出来，任何人都可以运行它。这就意味着用户必须遵守的指令不再只由某个人或某个团队来发布，其决策过程必须受其他方式控制。如果你受雇于某家公司的员工，合同里会规定所需要服从的规定，并明确负责符合公司利益的工作。不过有时候，如果人们发现公司的要求与自己的道德准则相违背，那么他们还是会不按公司的要求来，但是这种情况很少发生。我们在此假设员工和公司有着相同的利益。

如果你所在的公司开发了一种只在公司内部运行的分布式网络（具备一些公有区块链属性的总账）或可能与其他几家公司共享的分布式网络（在这种情况下，有法律合同来明确各家公司的职责），那么公司不需要实行激励措施来保证节点（即运行该网络的计算机）的运行。该公司的员工只需要设置服务器（现在很可能是由亚马逊、谷歌、微软等公司提供的云服务器），安装软件，并允许这些软件与该网络的其他设备相连。

无论是前期的硬件成本、耗电量、员工工作时长，还是支付给云供应商的费用，这些运营成本都由公司支付，并作为其商业模式的一部分。这些情况并不需要加密货币通证的存在。我们将在第九章中深入探讨公有区块链与私有区块链的问题，不过现在，先做一个简单的假设——假设我们要探讨的是一个需要加密货币通证的公有链网络。

影响比特币等公有链网络的激励措施与公司向员工提供的激励措施截然不同，其中最重要的区别是公有加密货币网络的运作基于一个假设：人类是一种理性的生物，他们追求利益，以期提高生活质量。

由于比特币没有首席执行官，没有人可以通过一个简单的指令要求用户购买服务器并运行比特币软件。那些神秘的比特币实体和决定下载比特币代码的矿工之间并没有合同的约束。相反，用户和公司因为受到某种激励才选择与公有链网络持续互动，这种激励源于代码本身所包含的数学原理——这就是一个真正去中心化网络的标志。

如果整个系统中只有两三个用户，那么这个系统就不算是一个网络。在这种情况下，交易不值得信任（因为交易只受极少数人的控制），通证也几乎一文不值。我们会发现，比特币上线后最初的几个月，几乎没有人知道它的存在。随着时间的推移，比特币才有了价值，这个过程恰恰说明了以上这点。因此，加密货币发行商需要激励人们使用通证，并参与到区块链网络和对交易的验证中来。在理想情况下，这两个活动应该与用通证进行支付及投资的用户相辅相成，而后者也可以通过运行所谓的完整节点（一个包含自上线以来所有交易的区块链副本）为区块链网络的健康发展做出贡献。由于比特币区块链的规模逐渐扩大，开采新比特币所需的能量也越来越大，因此，上述这两种活动在很大程度上是相互分离的，比特币持有者也不一定是矿工。不过，像Casa Node（运行在Raspberry Pi[①]上的比特币区块链副本）这样的节点就旨在均衡两者。

　　无论是对用户还是对矿工来说，使更多人接受比特币的主要因素主要有3个：稀缺性，挖矿奖励和交易费用。当用户购入一种加密货币（或选择通过工作或贡献价值来赚取）时，他们必然相信，即使加密货币的价格不上升，至少也能维持原始价值。正如我们在讨论稳定币时所了解的，如果有人以虚高的价格购买了通证，虚高的部分在交易时未必会被支付。对于比特币而言，稀缺性是促进升值的主要因素。如以太坊（理论上可以无限供应）这种并不稀缺的通证，它们的用户相信，正是对它们底层技术的需要，这些并不稀缺的通证的价格才能维持在当前水平或被更高水平。

　　市面上有各种各样的机制来保护公有区块链网络的安全，如工作

---

① 又称"树莓派"，一种微型电脑。——译者注

量证明和权益证明，但从通证持有者的角度来看，最重要的因素是机制的公平性、可靠性和无法博弈性。矿工（或其他类型的验证机制）所获得的激励纯粹是基于数学运算——通过运营区块链网络所赚到的通证是否足够支付矿工的电费或其他基础设施的费用？由于比特币是加密货币的鼻祖，中本聪不得不规定好新比特币的生成时间表及挖矿的奖励机制，且这些机制并没有事先进行实验或通过集中讨论来评估人们对激励结构的动机和感受，这些事实都让中本聪的创举更加令人瞩目。

由于单个区块奖励不断减半，且最后一枚比特币将于2140年开采出来，那么整个系统如何激励矿工继续验证区块交易呢？事实上，中本聪激励结构已经考虑了这个问题，据推测，随着区块奖励的减少，交易费用逐步上升，矿工的盈利方式也将逐渐转变为仅从交易服务费来获益。在比特币网络的自举检验法中，系统利用区块奖励来吸引更多的关注和参与者，以保持网络的运行。这是一个兼具创意和巧妙的解决方案，以至于其他加密货币都进行效仿，要么是原封不动地照搬，要么是吸收了其中一些元素。

5.5 惩罚措施

行为经济学指出，只要有激励政策，就会有惩罚措施。在加密货币的数学运算中，交易费用是很难解决的一个部分。如果交易费用太高，项目就会存在用户不敢参与的风险，因为用户的商业模式可能无法负担区块链网络的使用费；但如果交易费用太低，这个项目将又面临着不良用户滥用网络的风险，他们会用无用的交易来阻塞网络。一个特别棘手的问题是找出区块链网络上的交易费用与网络的原生通证价格之间的关系。在2016—2017年的ICO泡沫中，交易所的通证价格迅速攀升，而用户使用通证的目的是购入与区块链网络互动的特定单位的权益，因此通证价格的迅速上涨很快让这些互动变得无法预测，运行成本变得十分高昂。

以以太坊为例。正如前文所介绍的，在以太坊区块链上运行智能合约或发送一定数量以太币所产生的交易费用并不直接用以太币进行支付，相反这些交易费用使用燃料币进行支付。虽然燃料币的价格并不固定，但当用户运行智能合约时，他们可以决定自己准备支付的燃料币价格（用以太币价格），并为智能合约设置燃料币的限额。因此，即使两者价格并不直接相关，但是当以太币价格上涨时，燃料币的价格往往也会升高，反之亦然；不过，以太坊上的交易热度可能是一个更好的指标。为了直观地了解交易费用随着交易热度和加密货币的美元价格的涨跌情况，图5-2展示了2016年10月—2020年1月比特币的平均交易费用。

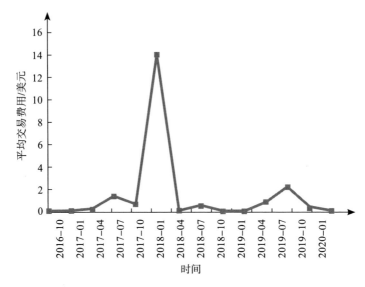

图5-2　2016年10月—2020年1月比特币的平均交易费用

减少不必要的流量是开发公有区块链网络时的一个重点内容，而交易费用是其中重要的一环。虽然所有人都认可，将不必要的交易控制在最低限度是十分必要的，但并不是每个人都对何为"不必要的"有同样的理解。

2017年12月以太坊突然出现网络拥塞，这次事件是说明这种认知差距的一个很好的例子。一些团队起草了招股说明书，计划通过一个创新的去中心化项目筹集数千万美元。但正当客户打算出资参与这个激动人心的众筹项目时，他们发现自己的筹款被锁定在系统中，要达成之前预期的智能合约需要等待几天时间。其罪魁祸首正是一款名为"谜恋猫"（CryptoKitties）的游戏。该游戏邀请玩家饲养及出售可爱的卡通猫，这些交易都记录在以太坊区块链上。就在ICO热潮的尾声，此次网络堵塞给了我们强烈的暗示：也许以太坊的技术并未完全准备好进入黄金时期，奖罚平衡也许并不能适用于所有的情况。

2019年10月，一款名为"FairWin"的资金盘游戏被认为是新一轮以太坊网络拥塞的始作俑者。不过，对于一个良好的通证经济学结构而言，其关键并不仅仅是能够禁止垃圾邮件和不恰当应用，还要拥有一个能准确计算获得通证所需的资源，因为这可以避免共识系统沦为诈骗犯进行欺诈的工具。由于本书并非一本技术类图书，所以我们不会深入讨论这个问题。不过这就意味着，在现实世界中，假设有一名盗贼想使用比特币来购买大量的商品或服务，并计划通过改写区块链记录将同一笔资金花两次，那么他（她）就需要在多台计算机上拥有足够多的算力，而为了达到这个目的，需要投入的资金将超过盗窃所得。正因为奖惩措施达到了完美的平衡，比特币（及其他紧随其后的公有链网络）才能成为如此灵活而又巧妙的解决方案。

5.6 通证派发与焚烧机制

通证派发也许是通证设计及制造中最有争议的一个内容。早期，以太坊还未发布，通过ICO为创新项目进行众筹的热潮也仍未来临，在区块链软件上线之前，加密货币项目的负责人通常会对通证进行预开采。虽然有人认为，为了保证加密货币项目取得成功，编写软件和进行其他商业活动的团队应获得适当的报酬，以确保他们持续参与该项目，但人们通常不欢迎通证的预开采，特别是在没有遵守合理限制的情况下更是如此。

通证预开采也许是为了让开发人员快人一步地生成通证，有些通证要么作为开发团队报酬的一种形式，要么作为个人开发者的奖励形式（如果是比较初级的通证）；有些通证也有可能是被预开采出来再通过众筹来出售——以太币就是一个例子。虽然中本聪开采了大量比特币，但这并不是预开采，因为软件已经向公众发布，其他人可以自由地参与挖矿。值得注意的是，由于初始区块的开采奖励很高（奖励为50个比特币，直到2012年11月才出现首次减半），所以早期就开始开采比特币，并成功持有它们的人如今都已经家财万贯。

其他不进行预开采的加密货币包括狗狗币、莱特币和门罗币。这些币种至今仍位列加密货币排行榜的前20位。进行大量预开采的加密货币包括极光币（Auroracoin）、PayCoin和FuelCoin，它们要么销声匿迹，要么像支付币一样，被人揭露为彻头彻尾的骗局。因此，虽然通证预开采并不总是出于罪恶的目的，但它有时可以作为一个标志——加密货币项目的创始人只是打算赚快钱后尽快抽身离去。

以太坊上线后，很多初创公司开始使用智能合约来管理ICO项目，为开发团队留下更大额度的众筹资金。虽然这表面上是为了支付办公室租金和扩大团队规模，但在2016—2017年的一些坊间轶事中（事实上，一些厚颜无耻的加密货币项目创始人还通过Instagram和推特发布相关信息），部分个人将大量通证分配给开发和市场营销部门，从中赚取了数百万美元。当然了，当时有那么多创始人被拍到开着兰博基尼等豪车四处兜风，也许纯属巧合吧！

正是因为这些通证的派发计划及伴随着的"拉高倒货"阴谋，当今的ICO项目才会声名狼藉。在传统的加密货币项目中，预开采的区块非常容易辨认，因为在代码正式公布之前，它们的时间戳会标上日期；与此相较，追踪近来ICO的通证需要投入更大的侦查精力。项目创始人或顾问会从两个来源来获得利益：①客户将以太币发送到智能合约，购买新创建的通证；②客户返回一定比例的通证以资助该项目。由于最早的ICO项目基本不受监管，因此，一旦加密货币项目的创始人通过ICO筹集到大笔资金，他们就没有动力来促进项目的进一步发展和生态系统的建设了。

的确，开发人员的工作时间是相当昂贵的资源，而且项目需要确保开发团队有足够的资金进行长线发展。但是，那些显然是为了让创始人发财而设计的项目被媒体爆出了很多负面消息，也使加密货币圈的名誉受损。也有这样的情况，最初的开发团队已经赚得盆满钵满，不再继续效力于这个项目，而是带走这笔收益并到其他地方高就。因此，项目发起人在设计区块链的经济模式时，必须考虑创始人所获奖励及该奖励在所筹资金中所占的比例。

如果加密货币项目不是稳定货币，那么还需要考虑一个问题——市场对其价格的影响，以及如何优化它与区块链网络的互动。如前文所述，虽然加密货币交易很青睐替代性加密货币价格的波动性，但无数文章和播客节目都致力于挑选有潜力升值百倍以上的加密货币品种。而为了确保区块链网络的平稳运行，价格波动性不再是加密货币的特色，而是弊端。

一些机构引入了一些机制，比如在加密货币发行后将通证锁定一段时间，以防止那些仅仅为了快速抛售而购入通证的投机者——这些投机者的做法会导致通证开始时价格暴涨，而后一落千丈，这种情况的一种解决方案是引入未来通证简单协议（SAFT）的概念。不过，随着通证模型越来越复杂，分析师和监管者提出了一个合适的模型——通证与股权真实协议，即RATE。RATE在证券型通证的监管范畴之内派发初始通证。在未来的某个时刻，系统会把将用于区块链网络的通证作为额外津贴分发给证券型通证的持有者。

如果说一定时间内的强制通证锁仓是防止价格暴涨急跌的一种机制，那么还有另一种稳定机制也可以发挥作用。正如我们已经了解的，通证价格一个主要的决定因素是其供求关系。因此，通过减少一定数量的流通量来提高通证价格，主要的方法是销毁通证，即所谓的"焚烧"它们。尽管这个说法听起来很夸张，但背后的原理就是把通证发送给一个无人拥有私钥的地址。换句话说，这些通证将无法被花费出去。由于这个过程在公有区块链上进行，任何人都可以看到这个销毁过程，因此还需要介绍一下焚烧证明——明确地规定并遵守通证焚烧的时间表及规则非常重要。如果通证销毁和随之而来的价格上涨可以被看作由项目管理者（及可能会从价格上涨中获益的人）自行决定的特殊操作，那么我们应该用怀疑的态度来看待这个项目，因为这种特殊操作意味着这根本不是一个去中心化项目。

伊顿·达利瓦（Eden Dhaliwal）提醒我们，区块链网络一旦上线，就要对通证的货币政策做出决定（比如决定是要增加还是缩减通证的供应量），这些决策最好通过编程和算法得出，也可以使用机器学习来实现自动化流程，以确保加密货币的精准发行。他认为："去中心化犹如一段旅程，并非一天之内就能完成的任务。诚然，事情总会改变和发展，但只要尽可能地让这些变化以自动化的形式进行，并保证所有参与者能理解，那么加密货币项目就能朝着正确的方向前进。"

5.7 治理

针对一个真正去中心化的系统，程序员应预先通过代码来定义所有的激励政策、参数、通证数量及发行时间表。这样一来，任何投资该系统的人（无论是通证买家还是交易验证者）都可以提前了解他们所签约的项目。开源软件的指导原则是软件一旦公开发布，那么开发者就丧失了对它的实际控制权。由于没有机构专门治理比特币（在某些情境下，这也算是比特币的一大显著优势。例如，监管机构本已经试图取缔比特币，而且很可能对其依法进行查处，即便是仅有一人控诉比特币项目），因此，如果软件需要升级，那么唯一的方法是在测试完成后推出升级方案，并告之此次升级的原因，并希望有足够多的矿工安装升级软件并运行。如果用户在运行某个版本的软件没有达到明确的共识，那么区块链网络就有分叉的风险。我们将在后面章节中对2016年和2017年发生的比特币分叉事件进行更加详细的介绍，其中一些分叉事件发生在围绕比特币整体发展方向所进行的激烈争论之后，而另一些分叉事件则是纯粹的牟利行为。尽管公司层面共同努力来"拉拢"某些特定的挖矿集团，并通过公关将舆论导向某个特定的观点，但比特币协议本身仍然对这样的"拉拢"行为展现出了显著的耐受能力。在过去十多年间，比特币得以存活并蓬勃发展的事实表明，在某些情况下，人为干预可能弊大于利。

以太坊曾遭遇过一次极具争议的硬分叉事件，事件的起因是项目方实施补救措施，计划将资金退还给DAO的投资者。随着4Chan网站上发布了创始人去世这一毫无根据的谣言之后，以太币的价格暴跌。尽管这并不一定是4Chan网站的目的，但以太坊创始人维塔利克·布特林从此以后对以太坊未来的发展方向更加谨慎地进行控制。虽然位于瑞士的以太坊基金会持有约0.6%的以太币流通量，但在2014年众筹之后，该基金会的活动基本只集中在研发及资助生态系统内开发应用程序的公司上。同时，有关以太坊协议层的发展往往由以太坊网络的核心开发人员决定，他们中的许多人都为以太坊基金会的附属公司效力。虽然有关以太坊改进建议（Ethereum Improvement Proposal，EIP）的采纳和实施方面的事宜会通过现场直播、电话会议来公开交流讨论，并且这个模式被设计得很透明，因此我们还是可以很公正地说，所有软件团队是一样的，最资深及最早加入项目的开发人员总会拥有强大的话语权。

DAO遭受的黑客攻击事件就是一个生动的案例。当时，DAO智能合约刚刚成为历史上规模最大的众筹项目，筹集金额超过15万美元（折合人民币约97.8万元），任何有影响力的人都很难保持真正的客观。根据以太坊最初的设计原则，"代码即规则"的论点应该占上风，公司不应该实施任何破坏区块链数据不可变的举措。如果你所运行的区块链网络具备可以自动信任数据的主要优点，那么，如果程序员在极端情况下能重写部分数据，这将是该区块链网络的一种缺陷，而非优势。

区块链的观察员表示，DAO项目的决策者做出了充满争议的决定，以牺牲人们对以太坊的信任来重写数据历史，为受害者追回被盗的通证余额，背后的一部分原因在于，DAO项目方拒绝承担损失。

但我认为，这种说法过于强烈了。而一部分人则认为，决策者的这种做法是善意之举，其目的是弥补已造成的损失，并使人们对未来投资类似DAO智能合约更有信心。

我们在观察日常生活时，会发现传统公司的成败往往取决于领导层的能力高低。即使那些初级产品的技术即将被淘汰的公司，如果领导层有足够的创新和前瞻性思维，公司可以转而推出新的产品。诸如区块链的去中心化结构旨在消除不可预测性，所采用的方法是消除这种对领导层决策的依赖性，并确保有足够的通证激励及惩罚措施在不需要管理决策的情况下保持区块链网络运行。

5.8 最关键的问题：你为什么需要通证

虽然这是本章探讨的最后一个主题，但它也许是最关键的问题。通证激励措施促进了去中心化的实施，而且我们将在下一章中介绍，这样的激励措施让一批全新的商业模式得以实行。整体而言，加密货币革命的理念正是基于这些模式展开的。然而，许多所谓的去中心化初创公司都有失败的经历，这让我们了解到很多构思并不真正需要通证的存在。许多公司强行把通证的概念引入自己的商业模式中，创始人由此通过ICO筹集大量资金。

为了确定某个特定的商业模式是否真的需要通证，项目负责人需要扪心自问：这个项目是否可以使用法定货币进行支付？如果答案是肯定的，那么这个项目就不需要通证，而整个通证经济学存在的问题就变得毫无意义了。下一个需要自问的问题是：如果用户需要购买通证，那么他们使用该产品的可能性有多大？他们将如何购买这种通证呢？在2016—2017年理想主义泛滥的两年，许多公司都认为人民普遍有意愿购买它们的通证以期使用推出的产品，并没有考虑到后者所需要花费额外的时间和金钱，也不在意当时大多数人基本没听说过比特币的事实。

伊顿·达利瓦认为，为用户提供一个轻松将法定货币兑换成代币通证的"入口匝道"，这个做法是至关重要的："用户必须享有获取通证的渠道——他们需要以轻松且低廉的方式来获取通证。我们必须向客户提供良好的用户体验，因为只有做到这一点，这个区块链项目才拥有简单明了的流程。我们还需要真正有吸引力的去中心化应用程序，这样一来，用户才有动力获得可供使用的通证了。"

在本章中，我们仔细研究了影响通证发行量、通证派发方式及通证应该被赋予的权力的因素。我们还了解到，很多公司推出了通证并不具备实质效用的业务，这些公司通过ICO来募集资金，而不必接受证券发行的尽职调查。在下一章中，我们将探讨相反的情况。在我们即将谈到的一些真实的案例中，使用区块链原生加密货币的通证化系统也许真的大有裨益。我们还会研究通证化如何对我们的商业模式及互动方式产生革命性影响。

参考文献

[1]OED (2010) "token" [W], Oxford English Dictionary, Oxford University Press.

[2]NIST (nd) "cryptographic token" Computer Security Resource Center, Glossary[EB].

[3]Au, S and Power, T (2018) Tokenomics: The crypto shift of blockchains, ICOs, and tokens[M], Packt Publishing.

[4]Berg, C, Davidson, S and Potts, J (2017) The Blockchain Economy: A beginner's guide to institutional cryptoeconomics[EB], 27 September.

[5]Dhaliwal, E and Gurguc, Z (2018) Token Ecosystem Creation: A strategic process to architect and engineer viable token economies[EB], October.

[6]Lipsey, R G and Chrystal, K A (2011) Economics[M], 12th edn, Oxford University Press.

第六章

通证经济驱动变革：

案例分析

我们将谈谈特定的通证在某些领域的表现，它可以激励人们与网络互动、促进自动支付或创建未曾有过的货币化市场。在此之前，让我们先明确本章的范围。本书的目的既不是讲述公司如何使用区块链技术来管理它们现有的数据，也不是探讨这些公司怎样与联盟中的其他合作伙伴共事，而许多现有的图书已经涵盖了公司内部区块链框架的实现。如果你想获得更多相关内容，那么请参阅本章末尾的"拓展阅读"部分。

相反，这些案例研究的目的是研究公有链网络，纳入通证对其运营而言至关重要。这些案例还展示了区块链技术如何与21世纪的其他创新技术（譬如物联网）进行融合，以改善人们的生活。关于改善人们生活的部分尤其重要——无论你的想法多么富有创造性、多么有趣，如果这个想法过于复杂和昂贵，让人们很难从中获益，那么把它做成一门生意就意义甚微了。这种名为"收敛堆叠"（Convergence Stack）①的思想由区块链风投机构Outlier Ventures公司提出，他们发表的论文《由区块链驱动的收敛》（*Blockchain-enabled convergence*）读起来趣味十足。[6]

---

① Convergence Stack 是一种融合了应用、验证、界面设计等功能数字化基础设施。——译者注

另一件要记住的事情是，这些场景虽然现在听起来不太靠谱，但未来几年很可能将蜕变为人们熟悉的商业模式。如果我们回望大约十年前的情况，我们可能会忘记爱彼迎（Airbnb）、优步等共享经济公司才刚刚起步，当时他们受到了同等程度的质疑——毕竟，谁会愿意乘坐陌生人的车，或者在另一个国家、另一个城市在陌生人的公寓居住呢？如果人们在2000年时被要求分析这类公司的前景，他们会想出各种各样的理由来论证这种商业模式注定要失败。因此，带着这些例子来阅读本章内容是大有裨益的，请记住，人们的期望和社会规范会随着技术的发展而改变。

6.1　汽车行业

汽车行业是描述通证经济运作模式的一个绝佳例子，因为它已经成为一个正在经历根本性变革的市场，自动驾驶、电动汽车、汽车互联性及共享所有权或租赁计划都打破了通过当地经销商销售车辆的传统商业模式。在柏林这样的城市里，我们可以发现汽车共享计划很受欢迎。早在2016年就有人估计，DriveNow[①]、Car2Go[②]等汽车共享计

---

① 戴姆勒公司推出的共享汽车项目。——译者注
② 宝马公司推出的共享汽车项目。——译者注

划造成私家车持有量下降了15%。[1]麦肯锡分析报告[2]显示，此类创新对汽车行业来说是一项积极的变化，而不是生存威胁，因为该行业可能通过这些新的机会实现高达15 000亿美元的经济增长。

要摆脱传统的"一户一车或多车"的模式，必须能为消费者提供方便、合意且价格合理的产品和服务，否则在一个自由的社会中，这种创新根本无法落地。DriveNow和Zipcar①等汽车共享计划之所以有客户支持，是因为它们能利用新技术为用户提供顺畅的无缝对接的租赁过程。除了价格竞争之外，这种模式在便捷性方面也能够与汽车销售公司展开角逐。我们下面对比一下DriveNow能提供的体验与传统车辆租赁服务。

如果你想从传统的汽车租赁中心那里租一辆车，就必须去指定的地点，而你和这个地点的距离可能很远；不仅如此，你还需要带上身份证件等资料，并预交一定额度的押金，以防损坏车辆；你经常会被追加昂贵的保险，而且必须在汽车租赁中心上班时归还车辆以便工作人员进行检查；等等。

当然，你也可以选择注册成为汽车共享计划的会员，然后在手机的应用程序上定位附近的车辆，并通过蓝牙来连接这辆车，之后你可以驾驶它去任何地方，当行程结束时将其停在路边即可，整个过程采

① Zipcar 是美国的分时租赁互联网汽车共享平台。——译者注

用自动计费方式，从提到车开始至行程结束。有时，人们的生活方式会随着技术与社会变革而改变，而传统的做事方式往往与现代生活格格不入。DriveNow和Car2Go是众多创新公司的缩影。这些公司步入一个未知的区域，为我们提供了一种完全符合当下生活方式的服务，所以它们的创举是值得认可的。这些新技术的应用不仅对客户有利，对这些公司本身也大有裨益。汽车内置的连接性为公司提供了丰富的数据信息，可供挖掘和分析，促进公司业务的提升。

那么，加密货币通证如何适应交通行业（尤其是汽车行业）呢？为了理解其中一些例子，我们有必要做一次思想上的飞跃——人们不再将交易单纯地视为由一个人制造或人与人之间交接的事物；相反，交易（无论是在区块链上还是在其他类型网络的交易）也可以被视为可以由机器和设备来制造或由机器和设备传递的东西。在我们居住的地球上，设备的连接数量已经超过了人口数量，而且大部分交互发生在设备之间，并不是由人发起的。其中许多设备被放置在同一个网络中，例如工厂或仓库内的传感器。但如果这些设备之间需要完成支付，而这些设备可能分别属于不同的人，那么就会存在信任问题。一个设备如何证明自身的属性？如何在没有人为干预的情况下授权支付？如果支付金额太小，使用银行系统处理这笔交易不划算，又该怎么办？

如果这些分析听起来过于抽象，那我们来看一个具体的例子。

2017年，迪拜举办了一场"黑客马拉松"（Hackrathon），目的是推广智能城市的技术理念。 一支名为"橡树项目"（Project Oaken）的团队成为进入决赛的3个团队之一，他们提出了汽车自动支付通行费的想法。正如他们解释的那样："特斯拉告诉收费站它想支付通行费，之后收费站会触发一笔智能合约交易。"收费站会收集特斯拉原始数据，并以"国际文件系统"（IPFS）①哈希的形式将数据发送到区块链上[3]。

你也许会好奇目前缴纳通行费的模式有什么问题——司机可以使用现金或银行卡支付通行费；即使在伦敦的拥堵路段或尾气排放限制区等特殊区域，人们也可以在此创建一个账户并自动缴费。首先，收费站的人工收费模式效率非常低，不仅如此，司机在停车缴费时可能会遭到排长队的情况。由于每次收取通行费都采取统一收费制度，因此设置固定收费站是一种效率低下的操作。想要优化智慧城市的交通流量，一种理想的操作是可以根据白天交通实时的拥堵情况来收取不同的通行费。如果汽车可以进行机器对机器的沟通，同时将目前的通行费告知司机，那么将可以减少人员互动的麻烦，提高交通流量，不管车辆行驶至哪座城市，司机都无须重新提供银行信息或签署通行费支付协议。

运用全球跨境货币来进行支付的构思也极具吸引力，而自动化流

---

① IPFS 是一种旨在创建持久且分布式存储和共享文件的网络传输协议。——译者注

程则为途经新城市的司机解决了过路费及相关交通限制不明白的难题。最近发生的一件事上了新闻：一名不知情的西班牙车手在度假期间驾车出入伦敦共计12次，却没有意识到自己驾驶的四轮驱动车违反了当地低排放限制区的规定，因此被罚款2万英镑[4]。

目前，伦敦的汽车共享计划将拥堵费纳入租车费，这也可以在其他点对点网络中按比例进行。斯洛克（Slock）等初创公司对以太坊区块链进行了研究。根据这家公司的预测，在未来，个人资产可以利用自身闲置的能力，以一种完全自动化且去中心化的方式为主人挣钱。例如你把车停在路边并告知车辆，你在接下来的一段时间不需要它，那么这辆车就可以租给其他人使用。租车人使用自主身份识别系统来表明自己的身份，并且可以决定自己个人信息被公开的程度。例如，该系统可以在租车人不向车主透露姓名和地址的情况下，确定他们是否是可靠的汽车租赁者。然后，汽车将根据事先设定的计费方式向租车人收取租车费用，包括产生的过路费或税费。汽车的限行区域也将被写入智能合约，编写好的程序将要求汽车按照智能合约不限行区域内行驶。当然，很多场景在没有区块链的情况下也是可以实现的，但使用去中心化网络可以让更多围绕身份识别、费用支付、隐私保护等繁杂工作变得简单快捷。

汽车采集的数据价值不仅仅体现在汽车共享及新型商业模式上，所采集的如天气状况、道路上其他车辆的地理位置，以及本车发动机性能等信息，这些信息目前仅提供给汽车制造商或经销商，但我们可以设想一下以下场景。

车主可以让汽车报告路况信息，帮助其他车辆的导航系统更好地规划路线。

车主可以选择在不开车的时候，使用位置数据将闲置汽车无缝衔接地租赁给有需要的人。

保险公司可以据此做出更好的决策，降低车主的投保成本。

城市规划人员可以利用来自汽车、自行车、行人及公共交通工具的地理位置数据，为居民提供更佳的基础设施决策。

通过完成车辆间的微支付（Mircropayment），车辆能提供可供汇总、使用及分析的数据碎片，以保证城市交通平稳运行，但这只是问题的一部分。

那么，区块链及通证支付意义何在？不使用区块链是否意味着这些目标就无法实现？答案是否定的，这些目标当然能实现，但区块链能给我们提供无法重写的验证后数据，公司可以基于这种单一数据源进行敏锐的商业决策；加密货币则可以实现陌生人之间频繁地进行情境化支付。假设此刻你正行驶在一条繁忙的路上，并没有急着到达目的地；相反，你后面的司机上班就要迟到了，所以很想超车。在这种情况下，车辆之间可以进行无缝的微支付，允许其他车辆超越你的车。而你不需要有意识地做出这个决策，也不必向其他司机提供详细的银行信息以完成支付，因为这个过程是自动发生的。

这听起来像科幻小说的情节，但自动驾驶汽车、无人机派送外卖和冰箱自动补货已经成为现实，这些情节终将成为我们日常生活的一部分。

6.2　能源交易

使用区块链进行设备之间交易的原因之一是区块链具有原生通证，因此数据及支付可以构成一笔交易的一部分。关于设备之间的交易还有一个有趣的案例，那就是在邻居之间完成点对点的电力交易。对于家里装有太阳能电池板或风车发电设备等可再生能源设备的人而言，他们希望能够出售多余的电，因此对使用区块链进行设备之间交易的想法很感兴趣。那么具体在现实生活中如何实现？让我们以联排别墅街道的住户为例。倘若街道一侧的每间房子有朝南的屋顶，屋顶安装了太阳能电池板，街道另一侧的房子的屋顶则朝北。道路南侧的房屋能产生足够的电满足家庭的需要，因此他们家中的太阳能电池一直处于电量充满的状态。

在正常情况下，由于无处储存多产生的电，而且民宅的太阳能电池板也不是昂贵和复杂的装置，且没有和国家电网相连，因此这部分电会被白白浪费。然而，在这个案例中，街道两侧的房子都接入同一个网络，这样一来，一个家庭所产生的多余的电能就可以被另一个家庭使用，而后者家里可能没有安装太阳能电池板。你可能会认为，这对于后者而言是一个非常便利的解决方案，但对于电力过剩的前者来说，这个方法肯定很麻烦，因为他们必须监控自家电力生产及转移情况，定期向用电的邻居开具账单，还要关注自己的银行账户的变化，以确保按时收到邻居的付款。

所有电能交易都记录在以太坊区块链上。智能合约规定必须用以太币来完成支付，通过以太币转账来购买电，而且交易并非发生在居民之间，而是在太阳能电池板之间进行。你不需要知道邻居的银行信息，甚至不需要知道他们姓甚名谁，也不需要追着他们讨要电费。所有步骤都是无缝进行的，你仅仅需要一个用来接收对方付款的以太坊钱包地址。

当然，前文描述的汽车案例听起来有点天马行空，但是以下这个案例确实使用了概念证明，它就是布鲁克林"微电网"项目。这个项目属于LoEnergy[①]公司，该公司舍弃了使用以太坊的想法，转而运用自主研发的平台——Exergy台，但Exergy和以太坊的理念是一致的。

---

① 应为Lo3 Energy公司，美国一家区块链能源初创公司，致力于使用区块链技术推动能源传输问题。——编者注

由于接入互联网的设备数量已超过使用互联网的人口数，因此，设备之间加密货币的交易量也将在某个时刻超过人与人之间的交易量。

6.3 媒体

自互联网诞生以来，传统的媒体公司就一直在思考如何让自己的商业模式在一个全新的世界中继续发挥作用。尽管人们曾经习惯通过纸版报纸读取新闻，但大多数人现在更喜欢购买同机构发布的网络版新闻，或者通过在线新闻来源来了解时事，这些来源自互联网技术启用以来如雨后春笋般涌现，比如各种社交媒体、博客或数字出版物。过去，报纸、电视和广播是人们为数不多的选择。如果他们需要比书更具实效性的资讯，只能通过报纸这种媒介。过去几百年间，销售报纸的价格和通过刊登广告赚取利润的经营模式形成了一种商业模式。在过去几个世纪里，这种模式并没有发生太大的改变。

互联网的出现打破了这种商业模式，人们开始习惯在网上免费获取资讯。可以说，除了少数拥有远见卓识的人以外，大多数报社的高管和记者都把新技术视为一种威胁，而不是一个机遇。大多数编辑在新闻编辑室里与他们视为敌人的东西展开斗争，在纸质版报刊发布之前，对产出的内容进行"封锁"，直到纸质版发行后才开始销售数字版本；在某些情况下，他们甚至完全禁止某些内容出现在网站上。传统的传媒主要基于两个原因与数字报刊做斗争：①纸质版报刊的年轻读者不习惯为数字内容付费；②至少在20世纪90年代末和21世纪初，对于老年人或长期支持纸质版报刊的读者而言，向网站提供自己的银行详细信息可能带有隐患。最终，大多数的媒体公司选择在自己的网站上安装了付费墙。

付费墙的问题在于，网站仍然需要读者进行某种低限度的投入，可能是金钱的付出，也可能是精力的消耗。例如，即使你很欣赏《纽约时报》的文笔，又如何保证自己能在繁忙的状态中抽出大量时间来阅读文章，使你的订阅物有所值呢？又如，你在推特上不经意间点开一条链接，随后发现其中的内容被付费墙屏蔽了，那么你很可能不愿意花时间激活免费订阅。一些新闻聚合平台试图与多家报社谈判，其目标是建立一个通用的新闻牌照服务，几家报社共享读者付费收益，但这一提议立即被否决了。在一个历史悠久的行业里，即使像《卫报》和《观察家报》，或者《泰晤士报》和《星期日泰晤士报》这种"一母同胞"的兄弟刊物，这种集体主义式的做法也毫无意义。

另一方面，在传统媒体存亡之际，新一代内容生产者正在异军突起。时尚博客的影响力很快超越了时尚杂志。近年来，我们在时装秀的前排也能发现不少时尚博主，他们已然和那些知名时尚杂志的作家们平起平坐。有的内容生产者会制作视频，从政治观点到技术教程、再到"自己动手做"（DIY）指南，内容不一而足。智能手机的普及也意味着人人都有一台摄像机，而油管网和Vimeo这类平台的崛起也意味着，过去的平民百姓在今天也可以拥有数百万名粉丝。

我花费一定的篇幅来介绍背景，想说明传统媒体行业不仅是互联网时代受到冲击最严重的行业，也是最难找到解决方案的行业。那么通证如何为该行业提供帮助呢？答案是虽然有人不愿意为内容付费，但并非人人如此。我们可以从不少作家和博主的经历中观察到付费意愿，这些内容创作者通过Patreon等平台获得自愿的资助，这些平台允许消费者为内容创作者打赏。不过，即使是Patreon的自愿打赏，也是一种形式的付费墙，除非用户尤其青睐某位内容创作者的作品，否则它仍然是一道获取信息的障碍。

加密社交媒体诞生初期出现了一个有趣的现象。由于支持者将打赏费直接发送到比特币钱包地址（不管是10美元、几美分，甚至只是零点几美分这样的金额都可以发送），内容创造者在其个人网站、油管网或推特的个人资料提供自己的比特币钱包地址，该地址是以字符串或二维码的形式来展示。当时，人们乐于用比特币来打赏内容创作者（当然，2012—2017年，这种小费的价值急剧上升），名为"tipbot"的网络浏览器扩展程序也应运而生，用户可以通过该程序将比特币、狗狗币或其他加密货币发送到比特币地址，以打赏内容创作者。

也许正是这一点为SatoshiPay和Smoogs等几家初创公司播下了前

行的种子，为少量内容提供微支付的想法得以传播开来。这些公司在浏览器中嵌入一些应用程序，读者可以在该浏览器的钱包里存储一些加密货币。当他们阅读一篇有趣的文章或观看一段好玩的视频时，这个钱包会稳定地向平台支付不到一美分的加密货币，这似乎是一个切实可行的构想。而对于内容创造者而言，他们所要做的只是注册账号，然后其个人页面会被配置一些代码。当读者浏览这些文章或视频时，他们就可以阅读并逐段付费。读者通过这种完美而流畅的方式来享受高质量的内容，并且很清楚内容的创作者会因此获得收益。最开始，比特币是这种商业模式首选的区块链网络，但随着交易费用及微支付额度的上升，SatoshiPay和Smoogs等初创公司将视线转向了其他区块链。

自那以后，另一种解决方案横空出世——浏览器The Brave Browser及随之而来的BAT通证①。前者是一款非常出色的浏览器，虽然如今它已经名声初显，但应该广为人知。The Brave Browser由布兰登·艾奇（Brendan Eich）等人联合创建，其中，艾奇不仅发明了JavaScript，还与他人共同创办了Mozilla基金会（火狐浏览器的发源地）。The Brave Browser还自带广告播放，读者可以通过观看广告来获得小额报酬。不仅如此，这款浏览器还为内容创作者提供一个奖励系统，如果有读者通过该浏览器阅读了相关内容，那么这部分内容创作者可以注册账号并收

---

① 全称是 Basic Attention Token，意为"注意力币"。——译者注

到BAT通证形式的付款。虽然目前还没有人能靠这款浏览器养家糊口，但一切还为时尚早。事实上，很多人至少从这种BAT通证中获得小额报酬，这表明此类构思也许是一项值得关注的创新。

6.4　游戏与艺术

正如前文所介绍的，加密货币的前身之一是《第二人生》等游戏中所使用的游戏币。虽然这些游戏币是集中控制的，且其发行和流通很大程度上由游戏制造商决定。如果某个玩家在《第二人生》的禁玩名单中，那么他（她）就会损失所有的游戏币。这说明人们对游戏中某种形式的货币也有需求，因而这种货币至少与美元、英镑、欧元、人民币或日元之间具有某种汇率。早在比特币诞生之前，网络空间就已经有了一种平行的经济体，而且该经济体处于不断增长中。这表明，虚拟世界的经济与现实世界的经济可以融合起来，以期解决切实存在的问题。

游戏玩家不仅会购买游戏中的土地、皮肤和超能力，对收藏品和工艺品也表现出购买热情。只要在《第二人生》的"市场"浏览一番，我们就可以深入了解一个充满想象力和可能性的世界。然而，只要某个地方存在真正的创造力，那么总会有人企图用廉价的仿制品来从中获利，尤其是当游戏经济向第三方开放时更是如此。

　　我们如何确保定制头像或艺术品等数字物品不被复制，也不会以1000倍的溢价被倒卖呢？答案是将该物品作为非同质化通证（Non-fungible Token）发行。非同质化通证是一种特殊类型的加密货币通证，它在特定区块链上作为仅供一次性使用的通证，并将数字资产（比如游戏内的定制头像或艺术品）映射到区块链的条目上。我们能在多种区块链上看到这种通证的应用，例如合约币（Counterparty）区块链网络的RarePepe青蛙表情包。不过，以太坊很适合这种特殊的用例，甚至还具有针对特殊类型的标准智能合约，即ERC-721。

　　在我撰写本书的时候，最著名的ERC-721可能当数用于创建加密猫游戏"谜恋猫"的智能合约。2017—2018年，这款游戏在加密货币圈掀起了一股热潮，并且吸引了许多硬核加密交易社群以外的用户。就像足球卡或皮礼士糖果盒等现实世界的收藏品一样，游戏中可爱的卡通猫也可以用于交易。为了让游戏更具吸引力，用户一旦获得一些特定品种的小猫，就可以继续培育更多的猫咪，甚至可以给它们起一个听起来很酷而且很有销路的名字。在很短的时间内，随着严肃的加密货币交易者涌入游戏，这些古怪的收藏品出现了价格飙升的态势。在哄抬价格的顶峰时期，最贵的加密猫售价惊人，成交价为价值17万美元的以太币。如今，这个游戏依然存在，不过价格已趋于合理——你可以在Kitty Explorer网站上查看最近出售的小猫，该网站还记录了加密猫的历史价格。尽管突然兴起的热潮将整个以太坊区块链推向了一个虚拟网络的停滞状态，但加密猫仍然是一个有价值的案例，它说明了非同质化通证的用途。这里还值得提一句，虽然针对加密猫的所有操作都使用了以太坊区块链，但加密猫根本不是一个去中心化项目。虽然买家（或加密猫饲养员）持有通证并可以交易它们，但加密猫背后的Dapper实验室保留该艺术作品的知识产权。

加密猫项目成功之后，其他类似的项目也接踵而至，很快有了加密朋克（Cryptopunk）、加密小狗（CryptoPuppies）及其他类似游戏项目，加密国家（CryptoCountries）也是其中之一。出于某种原因，加密国家中的"英国"在游戏中的出价高达6.9万美元，而"美国"只能筹集到1万美元。很多收藏品游戏都是加密猫游戏的翻版，但偶尔也会出现一些别出心裁的项目。例如，Decentraland是一个趣味性十足的虚拟现实项目，它由以太坊区块链提供支持。玩家可以使用游戏中的MANA币来购买其中的地块，并创建自己的应用程序和游戏体验，并从中获利。与加密猫不同，该游戏是一个去中心化项目，其创作者保留作品的所有权。游戏中的地块由ERC-721标准的非同质化通证来表示，这些通证在游戏中被简称为"Land"（土地）。当玩家将MANA币兑换成土地后，MANA币会被"焚烧"进行销毁。Decentraland的焦点在于创意性和收藏性，其网站也发布了相关教程，指导玩家将购买的非同质化通证艺术品放置或收藏到游戏场景中。

虽然Decentraland可能是最具前瞻性的区块链项目，这种前瞻性体现在对非同质化通证的处理和愿景上（非同质化通证毕竟是一种特殊类型的加密货币），但游戏世界的其他竞争对手依然有可能追上这个项目的脚步。虽然该游戏的玩家可以在该平台上创建应用程序，但必须以遵守特定的代码标准为前提，这就意味着Decentraland的非同质化通证可以在同一个平台的不同应用程序之间顺畅地移动，而其他游戏目前无法做到这一点。正如Decentraland的官方博客以及其他加密货币及区块链作者所指出的，非同质化通证的最终结局是独立出来，可以独立存在于最初它们被购买的游戏平台之外。试想一下，如果玩家在某个游戏中的头像拥有完美的自定义皮肤，那么他（她）为什么不能将这个皮肤应用在另一个游戏的头像上呢？如果玩家在某个游戏中购买了一把极负盛名的宝剑，并用它打赢了一场传奇般的战斗，成千上万的观众也通过Twitch电视直播见证了这一壮举，那么只要这把宝剑可以用非同质化通证来表示，这名玩家就可以在一个开放的游戏市场上出售这把剑，售卖的场所不会只是购买剑的游戏市场。同样，如果游戏制造商最终同意非同质化通证代表机制的某些或全部开发标准，那么这把剑可以在完全不受阻碍的情况下在另一款游戏中出现。显然，目前仍有各种各样的商业因素及技术原因使这一构想无法实现，但我们应该记住非同质化通证的爱好者正在努力实现的这一愿景。

游戏并不是非同质化通证的理念发挥作用的唯一领域。多年来，将数字艺术品注册为智能合约，以便把它标记成独一无二的物件并进行交易一直是加密货币圈反复出现的主题。假设你拥有一幅画或其他实体艺术品，那么诈骗犯如果想要伪造并证明伪造品的出处，就需要竭尽全力去做。在过去，数字艺术品的创作者面临着作品轻易被复制的问题：如果他们给某人发送了一份高分辨率的图像文件，如何才能保证此人没有大量复制，并将复制文件转卖给其他艺术收藏家呢？

巴黎的街头艺术家帕斯卡·博雅特（Pascal Boyart）一直在尝试将作品通证化，在他的壁画作品中，《爸爸，钱是什么？》（*Daddy, What is Money?*）的第一部分在OpenSea①市场上以25以太币（当时约5 000美元）的价格出售[5]，迄今为止售出的最著名加密艺术品可能是《永恒的玫瑰》（*The Forever Rose*）。

在本章中，我们介绍了几个不同的案例，并借此说明如何以某种可编程的方式将数据和支付结合起来，以达到拥有某些功能的目的。目前，我们主要探究了不需要许可的公有区块链网络，任何人都可以加入。在下一章中，我们将研究真正去中心化的公有区块链与它们的近邻（即私有分布式账本）之间的主要区别，我们还会介绍这两种类型在现实场景中的应用案例。

---

① 一个非同质化通证交易市场。——译者注

参考文献

[1]Giesel, F and Nobis, C (2016) The impact of carsharing on car ownership in German cities, Transportation Research Procedia[R], 19, 215–224. 来自: https://www.sciencedirect.com/science/article/pii/S2352146516308687.

[2]Gao, P, Kaas, H-W, Mohr, D and Wee, D (2016) Disruptive trends that will transform the auto industry[EB], McKinsey & Company, January. 来自: https://www.mckinsey.com/industries/automotive-and-assembly/our-insights/disruptive-trends-that-will-transform-the-auto-industry.

[3]Higgins, S (2017) Ethereum IOT project wins $100k Dubai blockchain hackathon[EB], CoinDesk, 14 February. 来自: https://www.coindesk.com/ethereumiot-project-wins-100k-dubai-blockchain-hackathon.

[4]Collinson, P and Brignall, M (2019) I was charged £20,000 for driving my car into the London emissions zone[N], Guardian, 31 August. 来自: https://www.theguardian.com/money/2019/aug/31/i-was-charged-20000-for-driving-my-car-into-the-london-emissions-zone.

[5]Delafont, R (2019) Crypto artist continues to innovate with tokenised street art sale[EB], News BTC, September. 来自: https://www.newsbtc.com/2019/08/27/crypto-artist-continues-to-innovate-with-tokenised-street-art-sale/.

[6]Outlier Ventures Research (2018) Blockchain-enabled convergence: understanding the Web 3.0 economy[EB], November. 来自: https://outlierventures.io/wp-content/uploads/2018/11/Blockchain-Enabled-Convergence-Whitepaper.pdf.

拓展阅读

[1]Casey M J, Vigna P.The Truth Machine: The blockchain and the future of

everything[M]. HarperCollins, 2018.

[2]Pejic I.Blockchain Babel: The crypto craze and the challenge to business[M]. Kogan Page, 2019.

[3]Tapscott D, Tapscott A.Blockchain Revolution: How the technology behind Bitcoin and other cryptocurrencies is changing the world[M]. Penguin, 2016.

第七章

公有区块链与许可区块链的对比

公有区块链网络之所以具备很高的安全性，是因为它被运行于多台计算机上，能够提供单一数据源。有人可能会提出以下问题：为什么还会有人想使用私有区块链呢？完全的私有区块链意味着，一家公司用一个分布在多台计算机上的数据库替代了普通的数据库，或者更大的可能性是，用云服务提供商数据中心中的几个虚拟服务器来替代这个普通的数据库。在这些虚拟服务器中，数据被加上了加密时间戳，因此无法重写。区块链公司会对特定的人群授予访问权限，只有这些用户才可以访问数据。网络的数据不能被未获得授权的用户访问，就像任何一家公司不允许外部人员访问其数据库一样。在需要对信息保密的情况下，这种类型的隐私保护显然是一种非常理想的解决方案，商业的敏感交易、医疗记录、犯罪记录等都可以通过这种方案来解决。我们习惯了这样的想法：有些数据需要完全保密，即使经过了加密处理，也仍然不应该对外公布。针对这一说法，有支持的声音，也有反对的意见。我们将在本章中共同探讨这种方案，不过现在，我们先假设希望网络中的数据保持私有化。

鉴于从几个不同的地方写入数据、并等待网络达成共识是费时费力的，且限制访问权限是一项很棒的技术，那么为什么还会有人费尽心思地用私有区块链（限制访问人群）来替换私有数据库呢？这是个好问题。尽管在某些情况下，部分公司希望自己能向审计师提供证据，以证明信息没有被重写或篡改，并且数据的加密安全性是可以被证明的。但事实上，很少有公司想要以这种完全私有的方式来使用分布式账本。相反，当人们谈论"私有"区块链时，更倾向于谈论允许一个以上的用户访问的分布式账本。这些账本仅限于那些获得授权的用户访问；换句话说，只属于特定网络联盟的用户才能访问。因此，当思考区块链问题的时候，用"许可"和"无须许可"这样的术语可能比用"私有"和"公有"更有现实意义。我将会经常使用"分布式账本技术"（Distributed Ledger Technology，DLT）这个词，对于这样的网络联盟而言，DLT通常比"区块链"更准确。

我们一旦开始思考共享网络（允许多名用户共同访问带有时间戳的可信数据）的运行机制时，就会更了解这个机制的合理性。多名用户共享一个分布式账本，除非有新的参与者加入进来，否则这就意味着这些公司共享着一份相同的交易记录，同时对这些交易的细节保密。我们通过一个实际案例来说明。虽然银行A、银行B和银行C属于同一个区块链网络，但银行C无法查看银行A和银行B之间交易的详细信息。完全公开的区块链网络意味着网络成员不必相互信任对方，因为每个人都可以查看所有交易的记录，因此，必须受许可的分布式账本可以帮助解决成员间的信任问题——这些成员不需要相信对方，但会共享数据，同时保持部分商业机密的私有化。

表7-1列出了一些行业的DLT联盟，这些行业的公司组成联盟，利用区块链技术来探索合作的可能性。

表7-1　各行业的DLT联盟

联盟名称
R3区块链联盟[①]
B3i[②]
Tradelens[③]
可信物联网联盟（Trusted IoT Alliance）[④]
油气区块链联盟（Oil&Gas Blockchain Consortium）[⑤]
摩比（MOBI）[⑥]
马可波罗区块链财团（Marco Polo Network）[⑦]

毫无意外，银行和其他金融机构是分布式账本技术这一领域发起概念证明及试点项目的先驱者，金融机构不仅把这一技术应用于机构的交易结算（目前这一过程仍然比较耗时，在某些情况下甚至仍沿用数十年前的技术），对零售客户也是如此。据埃森哲估算，使用分布

[①]　由银行等金融机构和科技公司等多行业的合作伙伴组成的 DLT 联盟。——译者注

[②]　由保险公司组成的 DLT 联盟。——译者注

[③]　由 IBM 和马士基推出的海运相关的 DLT 联盟。——译者注

[④]　物联网相关的 DLT 联盟。——译者注

[⑤]　由石油和天然气巨头组成的 DLT 联盟。——译者注

[⑥]　汽车制造业的 DLT 联盟。——译者注

[⑦]　是金融服务领域的 DLT 联盟。——译者注

式账本技术可以为部分金融服务公司降低70%的中央报告成本[1]。话虽如此，在金融服务领域中，如何使用区块链技术或分布式账本技术来提高处理流程的顺畅度、甚至创造出一个新的商业模式——这些内容已经足够写成一本书了。因此在本章中，我们不会详细分析每一个单独的用例。但是，我们将会把谈到的示例分为"使用原生通证"和"不使用原生通证"这两大类。

7.1 不使用加密货币的区块链平台

目前，有很多公司正在开发自己的专有区块链平台，鉴于其中大部分都不使用通证，对它们不会进行详细分析。不过，在公司的专有区块链平台之中，比较著名的当属超级账本（Hyperledger）、Corda①和Quorum②。由于这3个软件都没有公有链网络，不同于比特币、以太坊及其他加密货币。如果某家公司想要使用该软件，则需要下载软件，建立自己的节点；还需要编写集成代码，以保证分布式账本能够与现有系统协同工作。Hyperledger、Corda和Quorum是任何人都可以使用和配置的，这意味着，公司可以将自己的网络配置为私有区块

---

① R3公司开发的分布式分类账技术平台。——译者注
② 摩根大通开发的企业级分布式账本和智能合约平台。——译者注

链网络（仅限于公司内部指定人员参与），也可以将它配置为和合作伙伴共享的网络。

Hyperledger项目诞生于2015年，是一个旨在开发代码开源区块链和工具包的大型工程项目，最初由Linux基金会创办，此后，包括IBM、数字资产（Digital Asset）、ConsenSys、Blockstream[①]、富国银行和德意志银行也参与其中。该项目推出的框架包括Hyperledger Fabric、Hyperledger Sawtooth、Hyperledger Iroha，以及最近推出的公司级以太坊代码库Hyperledger Besu。Hyperledger的公司客户包括安联保险（Allianz）、思爱普（SAP）、西班牙国际银行、纳斯达克（Nasdaq）及其他公司。

虽然Hyperledger面向许多不同的行业，但Corda的开发着眼于银行和金融服务。Corda是由一家名为R3的软件公司与一些银行巨头合作开发的。作为一款免费的开源软件，Corda允许开发者构建具有智能合约功能的可互操作账本，同时保证所有或部分交易具有私密性。和我们接下来将要讨论的Hyperledger和Quorum一样，Corda不是概莫能外的公有区块链。如果某家公司想在Corda部署智能合约或构建应用程序，那么他必须打造自己的区块链网络或加入由另一家公司已建立的OLT联盟。

---

① 一家主导研发侧链扩展机制的区块链公司。——译者注

在第九章中，我们将更详细地研究银行如何使用区块链技术来简化流程，现在，先通过一个简单的例子来说明Corda被用于哪种应用：一个名为Voltron的开放平台是基于Corda创建的，使用Corda的目的是促进信用证的结算（有证贸易），而目前10%~15%的出口交易都会用到信用证。正如使用其他区块链技术一样，公司也可以使用Corda来发行不同类型的资产和金融工具。我们需要记得，尽管Corda是免费且开源的，但个人或公司若想访问特定网络，必须事先得到网络管理者的批准，并获得访问证书，然后才能将信息读写到账本中。尽管Corda和比特币等区块链在技术层面上有相似之处，但运作方式完全相反。值得记住的还有一点，那就是Corda区块链上没有通证开采过程——只有在管理员允许的情况下，其他计算机才能加入网络。

Hyperledger和Corda都是独立开发的软件，他们的代码并非直接取自现有的区块链，而由摩根大通开发的Quorum就不一样了，它是以太坊的一个变体。这说明，即使一个具有通证的区块链以公有且不需要许可的网络形式存在，仍然可能在私有的框架上运行。这是什么意思呢？以太坊、比特币及其他公有加密货币都是开源软件。当我们在自己的计算机上下载并运行相关软件时，需要输入某些参数，以使计算机节点加入特定的网络。即使我们不加入任何网络，该软件仍然可以运行。又或者，我们可以在家里或办公室里的两三台计算机之间搭建一个区块链网络，这些计算机通过配置相关参数组建成一个区块链网络。这就意味着，我们将开采自己的通证。但由于这几台计算机没有加入公有区块链网络，也不验证交易，因此我们将无法向其他人出售这些通证，这些通证将会一文不值。我们将这类区块链类比喻为一个经济体，这个经济体的流通货币是一种特殊种类的红珠子，虽然你很想进行交易，但你手中只有蓝珠子；又或者，你走进一家商店，想用《大富翁》里的游戏货币来购买商品。虽然这两种通证看起来大致相同，但所有人都知道后者毫无价值。再举个咖啡店的例子：你没办法在咖世家（Costa）咖啡店或当地咖啡店使用星巴克积分，因为咖世家的积分系统在自己的专属系统中，而这个系统无法使用星巴克积分。

基于上述内容我们将介绍Quorum最突出的用途——摩根大通通过其来发行自己的加密货币。

7.2 使用通证的许可账本

任何稍微关注加密货币领域的人都会知道，摩根大通和比特币之间有一段非常曲折的历史。摩根大通的董事长兼首席执行官杰米·戴蒙厌恶去中心化且不受监管的货币，并因此而闻名。2018年，他将比特币称作"糟糕的价值储存单位"[2]；一年后，怀着对比特币更深的厌恶，他预测，如果比特币对美元构成威胁，各国政府肯定会找到阻止比特币的方法。

戴蒙个人可能厌恶比特币，但这并没有阻止摩根大通迈出重要一步——开发了Quorum分布式账本，并于2017年年底发布。Quorum是以太坊的私有化实现，它在以太坊的基础上增加了额外的功能，使其更适合公司应用，并兼具快捷的速度、卓越的性能及保护隐私的功能。Quorum并不是专为银行及金融应用而设计的——例如，美国州立农业保险公司和USAA①共享一个Quorum分布式账本，共同进行汽车保险理赔业务。虽然Quorum是以太坊的一种私有化实现，但两者有一些显著的区别。你应该还记得，想要在以太坊上部署智能合约，就必须支付交易佣金。由于Quorum的代码是在以太坊代码的基础上增加的，所以燃料币的概念仍然存在。不过在这种情况下，由于没必要激励矿工运行公有区块链网络，交易费用被设置为零。当然，如果有需要的话，也可以对特定数据进行保密处理。隐私级别的提高往往意味着系统处理交易吞吐量的速度降低，但Quorum的最高性能大于2 000TPS（TPS表示每秒交易处理量）。

摩根大通不仅开发了Quorum，还创造了摩根币（JPM Coin）。摩根币是一种与美元挂钩的稳定币，在Quorum运行。虽然摩根币有多种用途，但根据摩根大通预测，它最重要的用途是处理批量支付业

---

① 美国州立农业保险公司和 USAA 两者均为美国保险业巨头。—— 译者注

务。目前，与其他银行的大型公司客户一样，摩根大通的大型公司客户仍然必须依赖电汇等传统汇款方式，才能将款项转至全球各地，而这些技术已经有几十年的历史了。使用SWIFT[①]等网络意味着可能会出现汇款延迟，尤其是如果错过某个国家的汇款截止时间时更会如此。此外，当将一种货币兑换为另一种货币时，可能会出现效率低及金额损失的问题。

由于摩根大通已经对其客户进行了必要的审查，这些客户无法用稳定币来进行洗钱。目前，摩根大通还向个人客户推出新型加密货币。摩根币的运转模式是这样的：客户在银行存入美元，银行会产生相应数量的摩根币。整个转账过程是实时的，可以在一天中的任何时刻进行。转账所需时间几乎可以忽略不计。汇款到账后，摩根币会被销毁，等值的金额恢复为美元形式。这种机构型加密货币能够为金融机构及大型公司节省价值高达数十亿美元，还有一点也很有意思：由于摩根币仅在银行之间流通，而且客户的身份基本已经通过认证，因此，美国政府对摩根币的排斥并没有像对天秤币项目那般强烈。

鉴于这种"过桥货币"（Bridge Currency）具有的优势（摩根

---

① SWIFT，环球银行金融电信协会（Society for Worldwide Interbank Financial Telecommunication，SWIFT），或译环球同业银行金融电讯协会，成立于1973年，是一个连接全球数千家金融机构的高安全性网络，金融机构使用它来发送安全信息和支付指令。——编者注

大通更青睐这种表述,而非"稳定币"),其他银行跟风效仿也就不足为奇了。在银行的数字货币中,Quorum并不是唯一的。2019年年初, IBM区块链宣布,至少有6家银行签署了意向书,计划在IBM的World Wire平台发行由法定货币支持的通证。有趣的是,尽管World Wire平台没有使用恒星(Stellar)网络的原生加密货币恒星币(Lumens),但将恒星网络作为协议层。恒星网络是一个开源的支付网络,与瑞波Ripple(网络)有一些共同点。事实上,恒星网络是由瑞波网络的联合创始人杰德·麦卡莱布(Jed McCalleb)创立的。还有一点也非常有趣——虽然摩根大通和IBM都是家喻户晓的传统公司,但它们都选择将以太坊、恒星网络等开源技术作为其转账网络的基础,而非从零开始自主研发相关软件。

与摩根币不同,World Wire被设计为与加密货币无关的平台。正如IBM在其网站所解释的那样——两家金融机构在进行交易时,同意将一种稳定币、央行发行的数字货币或其他数字资产作为任意两种法定货币之间的"过桥资产"。数字资产促进了交易的进行,并提供了重要的结算指令[3]。

在没有其他银行效仿比特币的情况下,很少有一家银行有勇气启动摩根币这样的尖端项目。因此,在摩根大通率先尝试后,其他银行也紧随其后。作为摩根大通的美国劲敌,富国银行似乎也在模仿摩根币。2019年,富国银行也对外宣布了自己的稳定币项目。不过,这两个项目之间还是有足够多的差异，并非难以区分。首先，富国银行使用R3的Corda，而不是Quorum，而且所使用的系统专门用于处理富国银行内的支付。富国银行稳定币项目的目的是在汇款人和收款人都有富国银行账户的情况下，帮助双方顺畅地完成跨境转账。在第九章中，我们将详细介绍SWIFT信息传递网络，但本章已经涉及了跨境转移价值的局限性及固有成本。虽然富国银行在某个国家内的分支机构之间很容易做到内部转账，但国际转账不能通过内部网络进行，必须通过SWIFT来完成。富国银行的稳定币项目将消除这些外部成本，使其分支机构在不通过SWIFT也能进行跨境支付。在富国银行稳定币项目通过验证后，其加密货币有望进入试点阶段，分布在世界各地的分支机构之间也可以轻松地转移数字货币了。

目前，我们已经明确地讨论了以促进全球跨境转账为目的的通证，在这样的加密货币项目中，转账方式打破了SWIFT等众所周知的瓶颈。但是银行发行的加密货币还可以代表什么资产呢？我们将在第十章讨论使用加密货币和区块链技术来发行新型资产的种类。不过现在，我们先介绍一种特别的通证（它已被高盛集团申请了专利）。2017年7月11日，高盛集团发明的通证被美国专利局授予，名称为"用于证券结算的加密货币"的专利，其专利号为9704143。高盛集团将该通证称为SETLCoin（请注意：SETLCoin与位于伦敦的区块链结算初创公司SETL无关），目标是打造一个银行与机构之间全新的数字化证券结算系统。现行的证券结算系统，比如股票和交易型开放式指数基金（ETF），清算机构匹配买方和卖方的交易指令可能需要1~2个工作日，且承担交易风险并执行交易。高盛集团提出的数字化证券结算系统将消除这些流程中的延迟及低效，提供由区块链进行自我监管的即时结算服务。该系统将SETLCoin作为支付手段，因而不需要采用SWIFT等外部服务。

值得注意的是，上述的银行加密货币均不向普通民众开放，也不能在交易所进行交易。它们都是针对银行内部或跨行使用而设计的，仅在许可的区块链上流通。这种情况下，通证被用作转账方式，而不是验证交易的激励因素。因此，我们应该把这些"银行币"视为一种加密资产，而不是用来激励人们加入私有运行网络的通证，这样有助于我们理解银行发行的加密货币。

7.3 私有化与公有化的对比

使用"银行币"的许可分布式账本旨在加快流程的处理速度，而非思考去颠覆此类流程的工作模式。当我们谈论技术时，经常会用到"颠覆""颠覆性技术"这样的表述。但我们所描述的创新本质上又会带来什么程度的颠覆呢？我认为，虽然某些事物和传统的做事方式可能会遭到淘汰（比如清算所和依赖SWIFT等网络进行跨境支付的

做法），但我们在谈论新技术的时候，往往还是停留在加强现有结构
和消除阻力上，而不是重新设计整个流程。公有区块链和私有区块链
及其通证情况如表7-2所示。

表7-2　公有区块链网络和私有区块链网络及其通证情况

网络名称	是否具有通证
比特币	是
以太坊	是
Tezos	是
Hyperledger	否
EOS	是
银行间信息网络（IIN）	否
马可波罗	否
瑞波	是

这种审慎的态度是可以理解的——当我们遇到一项新技术时，首
先会尝试将它应用到我们已经了解的事物上。对于大多数传统的组织
而言，向一种去中心化程度更高的模式转变还是一次太大的飞跃。亨
利·福特曾说过："如果当初我去问顾客想要什么，他只会告诉我
'一匹更快的马'。"可见人类往往很难超越现状。因此我们完全可
以预见，在很多案例中，区块链只是另一种中心化且必须获取许可的
数据库，其本质是一个个"围墙式花园"。

银行机构需要对其商业交易进行保密，各国的监管机构也要求

他们这样做。然而即使某部分的数据被加密，但公有区块链也能通过取证分析，揭示数量惊人的细节（Elliptics、TokenAnalyst和ChainAnalysis等公司专门从事这方面的工作）。基于比特币区块链价值的变动，警方抓获了不少罪犯，而这些罪犯还以为自己的行为是完全隐秘的。但事实上，即使客户的信息得到加密处理，银行可能也不打算与外界分享交易量等细节，至少现在还没有这个打算。

我们目前也许还无法想象一个信息开放和透明的世界，那时公司之间信息的公开和透明将成为一种常态。不过，前几代人也曾无法理解在脸书、照片墙等社交平台分享生活细节的行为。人们对信息共享方式的态度会随着时间的推移而改变，抛开区块链技术和加密货币，如今我们也能窥见陈旧模式逐渐消亡的态势。开放式应用程序接口（Open API）平台及开放银行（Open Banking）在全球的趋势都是很好的例子。

7.4 开放平台与开放银行

如果你所从事的不是软件或科技领域的工作，那么可能从未想到过开放平台。不过正是因为如此，公司对业务和数据的思考方式发生了很大变化。简单而言，开发人员能通过应用程序接口（Application Programming Interface，API）有条理地访问数据，以达到与数据交互并使用数据的目的。因此，开发人员通过网站或移动终端应用程序将数据呈现给用户，也可以将API合并到其他流程或应用程序中。开放平台由Linux基金会推出，它为广大程序员提供了数据呈现的标准，加强了数据的可用性、共同操作性及易于理解性。

目前为止，开放平台听起来可能相当枯燥，但具有非常深远的影响。在过去，公司所遵守的规范都是将所有数据存储起来，并将其"隐藏"在防火墙后面。公司怎么会共享数据呢？数据是非常宝贵的资源，公司投入不少财力和精力来收集它们。也许某些情况下，如果其他公司出价很高，该公司可能会考虑将数据出售给它们。在这样的情况下，公司通常会在数据的呈现方式上产生分歧，最终的解决方案往往是以电子表格的形式来传输数据，然后由购买数据的公司将数据导入自己的数据库。

在过去，万维网免费的点对点模式开始取代其他商业模式。数据就是新时代的"石油"，虽然这已经是老生常谈，但时至今日，我们应该把数据看作一种能够润滑现代商业并创造机会的"石油"（就像石油可以润滑发动机那样），而不是那种被小心翼翼地保护起来作为商品出售的"石油"。公司开始意识到，萌生一种构想并将其转化为技术是一个成本十分高昂的过程；也许，让更多人提出想法，并使用自己的数据来构建自己的应用程序是一种互惠互利的做法。很明显，有些数据更像是纯金（例如股票的实时数据），而不是石油。最开始，资助相应基础设施的公司独自使用这些数据，随着时间的推移，越来越多的公司决定将其数据的某些部分提供给大众使用，并且以一种特定的结构进行呈现，以使这些数据易于访问。

公共汽车公司和铁路公司对外公布实时的交通数据，以便出行类应用程序的开发人员（从居家办公的个人开发者到市值为数十亿美元的互联网公司）汇总和使用这些信息。政府部门也开放了特定的数据流，这样一来，任何人都可以建立一种有用的网站，能以某种方式过滤信息。推特和油管网通过向用户推送信息，这样开发者就可以构建不同方式呈现信息的应用程序，或者简化一些交互过程。当然，这种做法并非毫无风险。公司只能要求开发人员签署一些数据的使用协议，从而约束数据的使用方式，但无法控制应用程序的质量。

不过总体而言，开放平台在激发开发人员的创造性和积极性起到了关键作用，而接受这种转变的公司会发现，与其将数据私密地"藏"起来，不如将这种资源组合成可用的应用程序或以有意义的方式呈现在公众面前。这种组合通常是大有裨益的，对消费者而言更是如此。

金融业在接受这些变化上进度比较缓慢，其中有一部分原因是关于数据隐私的监管规定。不过，鉴于欧洲在金融技术创新方面明显落后于亚洲，欧洲各国政府已经采取行动，确保金融科技公司能够与老牌银行竞争，并积极促进公平竞争。正如上文所示，移动支付在欧洲普及之前，已经在中国已经达到无处不在的程度（如微信支付、支付宝支付等）。而英国移动支付的普及率如此之低，这也表明尽管大型传统银行的发展缓慢，但民众接受新型支付技术的需求仍处于受抑制的状态。最近推出的一些移动应用程序可以整合客户的银行账户，因此客户只需要使用一张虚拟卡，就能完成所有支付。还有一些"一站式商店"可以同时为客户提供预算规划和投资服务。这些应用程序可以由银行推出，但更多的是由那些充满挑战精神的金融科技初创公司开发。这些公司利用开放银行的授权，从更大的公司那里获取数据；当然，这种行为须符合严苛的条件并且必须在客户许可的情况下进行。

在此背景下，我们可以发现，虽然保护金融数据的安全是重中之重，但将数据"锁在"高墙后面的保险箱并不一定是最有利的方法。协作与创新对公司和个人都是有益的，因此，在为这些新型交易方式设计安全操作及架构体系时，公司的开发人员和管理层有必要仔细考虑他们想要生活在怎样的世界中。前段时间，我曾参加过一次会议，其中一位小组成员的一席话让我陷入了沉思。他是一家大型公司的高级技术经理，所在公司正积极组建同行公司联盟，以期开发一种共享区块链解决方案。他表示，虽然该公司在技术上遇到了巨大挑战，但更难的部分还是来自人：由于不少合作对象都来自竞争对手，各公司对自身的开发经验及商业野心都讳莫如深，因此对与竞争对手进行合作有所排斥。他还指出，区块链技术是一项团体项目，建立人际关系与构建技术解决方案同等重要。在他之前，也有人也多次提到这一点。

如果公司在将来不再偏向于将数据秘密地隐藏起来，那么人们在对于网络身份的认知将需要一个巨大的改变。虽然这个设想并不是加密货币特有的，但去中心化在未来实现身份识别可能的方式上，已经有了诸多讨论，因此引入自主身份的概念是很有价值的。

7.5 自主身份

在遥远的过去，身份识别是一件很容易的事。假设人类还生活在原始部落，大多数人都不会远行，那么我们很少有证明自己是谁的需要。其他人都知道我们是谁，而且我们也很少遇到新面孔，熟人可以为我们的身份进行证明。虽然有时会出现身份误认，这也许是意外事件，但也可能是有意为之或欺诈行为。不过，身份误认这种情况并不常见，因为在那个封闭的时代，人们一般很难冒充另一个人。

随着世界逐渐开放，证明自己的身份变得越来越重要，比如登记结婚、办理出生证明、购买房产、开设银行账户，这些都需要提供身份证明资料。在数字时代来临之前，除非特殊情况（比如，如果你生活在西班牙，却在直布罗陀工作，那你每天需要跨越两次国界①），否则不需要经常自证身份。有的国家强制要求公民携带身份证明文件，但大多数国家都没有这种规定。在现实世界中，很多人在数年内都没证明过自己的身份。

互联网问世之后，一切都换了模样。公司开始储存个人信息：如果你在网上购买产品，供应商会为你保存历史订单，这样你就可以查询或再次订购了。政府保存你的信息，你可以通过相关网站查看这些信息，有时还可以进行更新。其他公司则会保存你的电子邮件地址、密码，以及兴趣，这样一来，你就可以接收他们发送的相关信息了。你从未接触的公司（比如征信机构）甚至在未经允许的情况下收集你的相关信息。银行则保存了你的交易历史、投资记录和安全信息。

大多数人对此不会想太多，直至出了纰漏，才开始思考背后的问题。在过去十年里，曾发生过多起个人信息被盗取的事件，黑客窃取了几百万条带有机密信息的记录，企图利用这些信息牟取经济利益或进行倒卖。我们无法统计人们花了多少年才防止信息被泄露。一些黑客攻击造成了不少人间惨剧，有人甚至失去了生命（此前，Ashley Madison婚外恋网站的部分用户受到威胁——除非他们愿意支付赎金，否则黑客将公布他们的身份信息，此次事件至少造成两

---

① 直布罗陀为英国海外领地，此处指西班牙到英国和英国到西班牙两次跨境。——编者注

人自杀[4]）。

那么，我们为何要相信这些"身份不明"的公司来为我们存储数据呢？这些数据也只不过是存储在成百上千家公司重复的数据集。每当注册一项新的服务时，我们总会提供相同的信息，而信息保护通常只有密码这一道屏障。如果这些公司决定不再为我们提供服务或者倒闭了呢？虽然二十年前还没有社交媒体个人档案，但时至今日，它已经成为我们的虚拟代表。许多情况下，社交媒体个人档案是我们向其他第三方表明身份的方式。如果你的社交媒体个人档案在某家社交网络公司内遭遇泄露或被删除，你又该怎么处理呢？在这种情况下，你通常无法追回，但所产生的后果，可能与身份信息在现实中被冒用或被盗用的情况一样。

还有一个问题值得思考：为了获取某些服务，我们需要提供多少关于自己的信息？当然，公司喜欢收集我们的信息，并且超过实际需要，正如上文提到的，数据是一种宝贵的资源。公司可以从这些数据中提取大量关于我们的信息（有时连我们自己都不了解这些信息），用来预测我们下一步的行动或购买目标。但是，如果需要给公司提供自我证明，那么我们通常会非常慷慨，提供远远超过所需的信息。通常情况下，如果公司要求我们证明身份，这是因为他们所提供的服务只面向成人，所以需要知道我们是否符合要求。又或者，公司需要了解我们是否居住在特定区域，或者是否在使用有效的信用卡，等等。

现在你可以想象一下：你的数字身份完全在你的控制之下，你不需要依赖其他公司来保存这些数据。理想情况下，这些数据的呈现方式应确保，你只需提供获取某项服务的最低信息需求量，即使你需要订阅这家公司的内部通信，也不需要提供你的姓名、居住地址、电话号码、出生日期、政治取向等。你不再需要将自己的脸书账户（你的生活点滴都发表在上面）与你刚刚注册的某个第三方服务连接起来，也不必再回复某个社交活动的邀约。

这些问题也极大地影响了我们持有和发送加密货币的方式，这就是为何在本书论述它们的原因。那么，这样一个系统是如何运作的呢？Sovrin基金会①的主席菲尔·J.温德利（Phil J Windley）在《Sovrin协议与通证白皮书》[5]中解释道：

我们离实现互联网的身份识别系统还有很长的路要走。互联网的设计理念是：在没有任何管理机关许可的情况下，互联网上的任何设备都可以向其他设备发送消息。事实上，互联网的设计目的就是想尽一切办法，保证这些消息顺利发送。

在一个类似互联网的身份系统中，任何人、任何组织或事物之间

---

① Sovrin 基金会是一家总部位于美国的伞形组织，负责监督基于区块链的数字身份标准（也称为自我主权身份或 SSI）的发展。——编者注

都具有身份关系（我们称之为身份世界中的"声明"），并且要做到这一点，不需要得到另一方的授权。由于所有人可以使用这些身份及由此产生的关系，政府机关不会有所干预，因此这样的身份被称为自主身份。

我们在本章中讨论了很多主题，这对于公有区块链网络/私有区块链网络系统和加密货币之间的二分法意味着什么？在未来几年或数十年间，我们对隐私、身份和认证的认知可能会发生很大变化，这意味着我们很难直截了当地决定，某件事物应该进行私有化处理还是公有化处理。然而，正如我们所了解到的，出于一些合理的商业理由，现有银行系统的运营机构仍会希望保持部分区块链网络和部分加密货币的私有化，以仅限受许可的人参与。

在下一章中，我们将讨论另一种完全相反的情况。我们将介绍一种对世界各地都适用的投资方式，并探讨它如何颠覆创业融资规则。

参考文献

[1]Accenture. Banking on Blockchain[R]. Accenture Consulting，2017.

[2]Marinova P. Jamie Dimon: Bitcoin bad, blockchain good[J], Fortune, 13 September. 2017.

[3]IBM. Transform cross-border payments with IBM Blockchain World Wire[R].2019.

[4]Thomson I. More deaths linked to Ashley Madison hack as scammers move in[EB]. The Register, 2015-08-24.

[5]Sovrin Foundation. Sovrin™: A Protocol and Token for Self-Sovereign Identity and Decentralized Trust[EB]. 2018-01.

第八章

首次币发行的狂热

如果与那些在2016—2018年购买加密货币的人聊天，他们很有可能参与了ICO。现在，我们已经了解了通证经济，那让我们再看一看历史上最严重的通证泡沫事件吧。如果一种特定资产的价格突然上涨，涨幅与其基础价值的增长率不匹配，那么我们把这种现象称为泡沫。泡沫事件往往局限在特定的地理区域内，比如房地产泡沫就是如此。2016—2017年，全球投资者在区块链网络的加密通证众筹上花费了数十亿美元，其中绝大多数项目与发起人宣称的情况大相径庭——在很多项目中，通证甚至没有发布；即使成功上线，有的通证如今的售价也达不到最初众筹价格的1%。那么，这一切是如何发生的呢？这段意义非凡的投资历史又留下了哪些积极的影响呢？

2015年，以太坊刚刚问世，比特币也在不断发展。虽然当时比特币的价格远远低于后来创纪录的1 100美元，但越来越多的人被加密货币所吸引。正如我们在前文所提到的那样，在CoinGen等网站上，通过复制粘贴来创造替代性加密货币的项目放慢了脚步，诈骗事件也逐渐减少。随着比特币的价格稳定在250美元左右（其价格于2015年年底曾短暂翻番，略高于500美元，引发一阵热潮），更多人开始把重点转向打造开发者社区上面，其目标不再局限于简单的盈利。此外，2015年11月，以太坊的开发人员费边·沃格尔斯泰勒（Fabian Vogelsteller）提出了一套在以太坊区块链上发行通证的规则。这个规则由一份协议提供建议，人们把该建议称作ERC-20通证，其中，ERC是Ethereum Request for Comment（以太坊征求意见）的缩写，20表示这是第20条此类建议。

在此之前，任何开发人员都可以通过执行智能合约在以太坊创建加密资产。但ERC-20通证的突出贡献在于，它是第一套规则，规定了数据的呈现方式，以及资产在用户之间的传输方式。"ERC-20通证"还是一个有意思的前缀，问世两年后（即2017年）才被更新在以太坊GitHub上——同年9月，以太坊正式启用ERC-20通证。但在更早之前，ERC-20通证已经成为初创公司的众筹史上最重要的三个字母及两个数字。截至2018年年底，超过99%的通证众筹项目都是在以太坊上进行的，总规模超过了40亿美元。

8.1 去中心化自治组织

在第五章中，我们谈到臭名昭著的DAO通证黑客，现在，我们将继续探讨DAO的更多细节。DAO是一个通用术语，但大多数人在使用这个术语时，首先想到2016年DAO通证的最初版本。虽然DAO通证肯定不是首个公开发行的ERC-20通证，但它的规模超过了此前所有的通证项目。此外，DAO还是一个有用的例子，为我们揭示了通证作为众筹工具的方式和原因。有趣的是，虽然DAO通证受到黑客攻击之后出现了很多负面消息，但这并没有让加密货币投资者放弃购入通证的想法，事实上，不管结果是否达到预期，此次黑客事件给加密货币投资的宣传产生了某种程度的"史翠珊效应"。加密生态系统的观察者对此次事件的观点有两种，一种观点认为这次黑客事件是一次大胆的哲学实验，虽然它给我们制造了麻烦，但有助于推动关于去中心化的辩论；另一种观点认为这是一次拙劣且执行不力的筹款实验，从长远来看损害了以太坊的声誉。

让我们详细地分析当时到底发生了什么。DAO的全称是去中心化自治组织，根据创造者的设想，DAO可以替代公司或基金会的角色，由公有链上的智能合约作为代表，而且它的治理完全依靠经济上的激励而非人类的决策。DAO是一个特殊的实体，它被打造成一个完全自动化的风险投资基金。在那里，项目可以申请资金，人们可以在没有中心化决策机构的情况下为它投票，系统也可以对它进行资助。传统的风险投资基金依赖于个人，他们通常具有多年的从业经验，可以将资金分配给项目及初创公司。但在DAO的结构中，"群体智慧"方式完全取代了传统的模式，其中，人们用通证来代表投票权，参与者通过使用通证来选择应该获得资助的项目，从而所选的项目提供资金。从理论上看，DAO几乎可以管理人类活动的所有领域，并且针对任何可能出现的情况，它可以用一套明确定义的程序规则来替代人类的等级制度。加密货币和区块链领域的许多人一直沉迷于自动化式的治理结构，而博弈论和谨慎的激励结构的确有助于使自动化治理结构成为可能，并帮助消除因人类治理而引发的偏见。不过，DAO也带来了一系列全新的挑战，它还做不到其鼓吹者宣称的许多事情。

DAO遇到的挑战之一来自监管领域。如果在某个国家出现违反金融规则的行为，在没有管理委员会的情况下，全球几千台计算机都运行同一种代码，那么政府及监管机构又该如何寻找幕后黑手呢？最近还出现一种令人担忧的趋势：尽管开发人员编写开源代码的目的并不是获取经济利益，但许多政府还是会阻止他们的工作。制定相关法律的政府应该慎重，因为这种做法势必会扼杀创新。一旦从事尖端技术开发的开发人员觉得受到相关限制或法律的威胁，他们会迁往法律没那么苛刻的国家。

DAO当然还面临着另一个挑战：尽管自动化治理完全可能实现，但无论是不是有意之举，治理的规则将取决于规则制定者的格局、目标及道德标准。在著作《人工智能并不讨厌你》（*The AI Does Not Hate You*）中，作者汤姆·奇弗思（Tom Chivers）探讨如果给无所不能的人工智能下达一个尽可能地提高回形针的产量的任务，可能会造成哪些无法预见的后果。[1]在这种情境下，人工智能理论上可能会做出屠杀全人类的决定，因为人类将和人工智能抢夺资源。这样一来，人工智能无法将所有资源用于完成提高回形针产量的任务，也没有能力理智地理解，屠杀人类等同于消灭了回形针的终端消费者，因为它的任务仍然是尽可能地提高回形针的产量。因此，对于任何搭建DAO的人而言，在假定自己编写的代码与人类所在环境中应用的逻辑完全相同时，都需要谨慎小心。

还有一点值得注意：尽管这一特定的DAO拥有透明且去中心化的源代码，但也需要执行某些特殊的规定，以便让组织能够与现实世界相互连接，其中包括要求代表该组织发起众筹活动的承包商（个人或公司）遵守法律规定，其中，DAO项目的参与者被称为承包商。为了赋予这些合同法律效力，一家名为DAO.link的公司在瑞士成立。除了承包商以外，还有一类被提名的个人及公司被称作监管者，他们的任务是确保网络的独立性和去中心化，防止DAO项目成为51%攻击的受害者。以太坊初创公司Slock.it是通过DAO项目来获取资金的主要承包商之一。

然而，DAO项目的失败与监管者毫无关系，相反，其始作俑者十分平凡，即编程错误。2016年4月30日，开发人员将DAO部署在以太坊区块链引起了不小的轰动，而当时没并没有人能预见到其失败的原因。很快，投资者都想分得一杯羹，于是消息就如同草原上的野火一般蔓延出去。投资者每向DAO基金捐赠1个以太币，就可以获得100枚DAO通证。在短短6周时间内，在该基金价值1.5亿美元的以太币供应量中，14%的以太币宣布售罄。不过，当时已经有传言表示，运行DAO通证的智能合约并不像看上去的那样无懈可击。2016年6月17日，灾难降临了。一个匿名的黑客成功利用代码漏洞提走了价值7 000万美元的以太币。尽管从事软件开发项目的人们都知道，做事后诸葛亮很容易，但许多评论员都表示，开发团队在早期没能发现这个错误，确实令人非常震惊。本书不便透露太多技术细节，但DAO的智能合约允许用户在不检查账户余额的情况下连续提取资金——这就好比你可以一次又一次地从银行中提取100美元，而这些资金不会计入账户的借记信息。

幸运的是，DAO通证的规则明确规定，提取的任何资金都要冻结28天，这为众多的开发者论坛及Reddit提供了喘息的空间，网站用户可以就如何追回被盗通证展开激烈的辩论。有些人认为，即使28天后资金解冻，"盗贼"也很难将通证卖出去。

Slock.it的首席运营官斯蒂芬·图尔（Stephan Tual）表示："此次事件就好比你偷走了《蒙娜丽莎》，有人对你说'太好了，恭喜你！'，但是你又能怎么处理它呢？你不能把它卖掉，因为它价值连城，所以无人敢出来购买。"[2]

人们发现不需要过多介入账户的建议并不可行，如果想要恢复失窃的资金，Slock.it就面临着一个艰难的抉择——要么就此放过，要么执行一次硬分叉。如果选择实施硬分叉，那么违规的交易将被重写，失窃的以太币将会回到用户的钱包中。这家公司把选择权交到以太币持有者手中，双方都对此给出了论据。

希望安守现状的一方认为，以太坊的全部意义在于提供一个不可改变且十分可信的记录，人们也经常用"代码即法律"来形象地说明智能合约的可靠性，因此我们应该尊重区块链的神圣性，事情发生了就应该顺其自然。然而，支持向投资者返回资金的一方则认为，以太坊的生态系统在不断进化，无论区块链领域有多么热切地宣称"代码即法律"，但这个愿望仍未实现，如果不努力补救此次事件，那么以太坊的声誉将蒙受更严重的影响。最终，Slock.it采取了硬分叉的措施，将被盗的以太币悉数返还给这些资金的拥有者。不过，在以太坊软件的新版本发布之后，一部分出于道德考虑而继续谴责硬分叉的用户仍坚持在旧版软件上进行挖矿和交易。因此，这意味着实际上有两种以太坊货币，它们在分道扬镳之前，有一段共同的历史。新版以太坊软件沿用以太币（ETH）代码，而以太坊软件的原版则很快被更名为以太坊经典版（Ethereum Classic），并被赋予了ETC这一全新代码。

虽然硬分叉在当时引起了很多争论，许多人也对此颇有微词，但以太坊经典版仍然是一个独立的区块链网络（尽管规模较小）。两年多过去了，以太坊经典版的重点是务实操作及发布软件更新，以保持以太坊经典版与新的以太坊的兼容性。对于持有以太币的用户来说，硬分叉最实际的益处就是他们现在拥有相同数量的ETH和ETC，这听起来像是一个可以利用以太坊来"空手套白狼"的办法。但事实上，DAO通证的硬分叉事件对以太坊的价格造成了巨大的打击，以太坊持有者即使获得两种以太坊货币的红利，也为此赔了不少钱。我们将探讨比特币背景下的硬分叉概念，至于在以太坊上，虽然下一个DAO项目出现之前还有一段时间，但人们仍然认为以太坊是以通证发行的形式来进行众筹的完美平台，这种想法目前已经成为一种固化思维。表8-1为DAO发展过程中的重大事件一览表。

表8-1 DAO的重大事件

重大事件	时间
部署智能合约	2016年4月30日
筹集价值1亿美元的通证存款	2016年5月15日
发现代码漏洞	2016年6月5日
黑客侵占资金	2016年6月17日
对以太坊实施硬分叉	2016年7月20日
美国证交会裁定DAO通证是一种证券	2017年6月25日

8.2 首次币发行的热潮

虽然DAO通证并不是以太坊上发行的首个通证种类，但Augur肯定是以太坊平台上首个或首批进行预测市场（Prediction Market）的项目之一。2015年8月，Augur开始发行通证，它是以太坊平台上迄今为止名声最差的项目。由此可见，DAO项目的破产并没有阻止初创公司使用智能合约发起众筹项目的想法。那么这个想法通过什么机制来实现？ICO的做法又是什么意思呢？

简而言之，ICO可以将初创公司对资金的巨大需求与投资者对资产的巨大渴求匹配起来。这个术语脱胎于首次公开募股（Initial Public Offerings，IPO），IPO指公司首次在证券交易所公开发行和出售股票的行为。在大多数国家（尤其是在美国），一个人必须首先符合某些资质标准，才能有资格投资那些收益率普遍较高的理财产品。为了获得美国合格投资者的身份，或者成为英国成熟、有经验的投资者（或者获得其他国家的同等身份），相关部门通常要求潜在投资者现有的投资组合达到最低门槛（美国要求为100万美元），不仅如此，潜在投资者还需要满足其他资质条件，比如具备足够的金融市场知识。虽然颁布这些法律的目的是保护"天真"的投资者不受欺诈，但许多不符合标准的潜在投资者仍旧认为自己完全有能力做出投资的决定（即使是欠佳的决定也无妨），并深深地感到委屈，因为被不公平地排除在这种赚钱机会的门外，而且他们会将这种情况视为富人独享最佳投资机遇的又一例证。

正如第一波加密货币交易浪潮吸引了千禧一代①及Z世代②人群，

① "千禧一代"，英文是 Millennials，是指出生于20世纪时未成年，在跨入21世纪（即2000年）以后达到成年年龄的一代人。这代人的成长时期几乎同时和互联网/计算机科学的形成与高速发展时期相吻合。——译者注
② Z世代指1995—2009年间出生的一代人，他们一出生就与网络信息时代无缝对接，受数字信息技术、即时通信、设备、智能手机产品等影响比较大。——编者注

他们此前不一定参与过其他类型的交易，因此，那些被IPO"拒之门外"的人可以乘着ICO的东风，自由地购买被他们视为未来"通证化经济"的股份。由于ICO通过智能合约来执行，而智能合约运行在组成以太坊区块链的位于世界各地的所有计算机上，而且出售的通证没有任何承诺（即发行通证的机构并不拥有这些通证的所有权），因此，买卖双方的交易基于一个共同的假设——没有迫切需要遵守的规定，尤其是交易初期更是如此。

那么，如果有人购入通证，这意味着什么？存在一种比较通俗的解释，通证通常在交易所发行后价格会上涨，因此许多人购买通证纯粹是为了获得投机价值。但购买通证的一般逻辑是所购通证代表了未来的某种股份，可以让投资者参与并利用某个区块链网络获得收益。例如，如果在Augur的发行平台上购买了REP通证[①]，那么就可以用这些通证下注或针对其他人的预测下注。比较类似的例子是2016年进行ICO的Golem，这个项目当时发行了GNT通证，购入该通证的用户可以获得网络内其他计算机未使用的算力。在DAO通证的例子中，用户可以使用DAO通证为他们喜欢的项目投票，而STORJ通证的用户则可以用它来购买分布式存储，STEEM通证则可以用来奖励那些参与专有平台的社交账号，等等。

---

① Augur 发行的通证。—— 译者注

ICO使用以太坊ERC-20通证具有重要意义，即初创公司只要有发行通证的想法，就一定能做成此事。在过去，如果想要为区块链发起众筹，首先必须开发所有的底层技术，即开发出一个具备适当的共识机制、钱包及软件客户端的区块链网络，还需要矿工能参与交易的验证，并且说服加密货币交易所采纳你开发的区块链网络。只要满足了以上条件，就可以将所创造的通证以ERC-20通证的形式发行了，不仅如此，你还必须承诺有朝一日将构建自己的区块链，开发自己的网络，同时将应对由此带来的技术挑战。从这个时刻开始，你将把投资者持有的ERC-20通证换成参与你所创网络所需的实际通证。

这是一场影响深远的变革，它为那些甚至没有开发团队的营销公司敞开了大门，即使是彻头彻尾的骗子，也能在不受监管的环境下发行通证。2016—2018年，ICO的热潮就像美国西进运动的淘金热。根据《福布斯》杂志在2018年年末的统计，截至当时，ICO已经筹集了超过200亿美元的资金[3]。在线教程层出不穷，即使对技术一窍不通，有心人也可以通过它们学习如何创建及部署ERC-20通证。各种围绕首次币发行的行业项目如雨后春笋般涌现，其中，部分项目仅仅依靠一个网站和一份拙劣的白皮书来维持，并没有提供任何新的技术；更有甚者抄袭了其他网站及项目的白皮书，在白皮书中放了一些杜撰的顾问照片，还附上了假名字，而这些照片是从模特或演员的社交媒体资料中盗取的。还有些项目声称，著名的加密货币专家会为它提供建议，并在其官网展示这些专家的照片和证书，希望无人察觉这是个骗局。

油管网的投资者频道和付费的内部通信，以及付费的Telegram小组也纷纷出现，为加密货币的版主提供了很多工作机会。版主们需要创造内容并发放奖金以吸引人们的参与；他们还会回答投资者的问题，而投资者关心所购买的通证价格何时会"翻100倍"。这样的故事也开始上演：虽然加密货币项目的创始人已经开着豪车到处转悠，但项目的代码还未写好，也未雇佣任何营销团队。尽管许多通证项目的创造者是以太坊的见习开发人员或只是想尝试这项技术的"好奇宝宝"，但得益于大批涌现的在线教程，截至2019年年底，超过20万种ERC-20通证被部署在以太坊上。请记住，相应的支出门槛是很低的——部署一种简单的智能合约只需几美分。诚然，人们出于各种有趣的目的使用以太坊，但在这段时间内，通证发行占了以太坊网络的大部分容量。这时，以太坊似乎为这种类型的众筹提供了一个分布式平台。

虽然彻底的骗局层出不穷，但这也掩盖了一个事实——许多加密货币项目都是货真价实的。一些团队一直致力于构建真正的去中心化项目，并将标记化视为创造网络效应、吸引社区成员及筹集资金的有效方式。2016—2017年是一段令人感到振奋的岁月，无数的加密货币项目纷至沓来，虽然大多数项目都消失了，但部分项目已经完成了软件发布，现在仍在实现目标的大道上稳步前进，并将ERC-20通证换成在自己网络上运行的通证。

有的项目初创时规模很小，其团队只有三四个人；而有的项目则规模庞大，雄心勃勃。其中最引人注目的两个项目是Tezos和EOS。Tezos项目为通证发行提供了一个具有警示意义的故事：它创下了2.32亿美元的融资纪录，但后来深陷法律问题的泥淖，并遭到人们尖酸的讨伐[4]。EOS是由Block.one区块链公司发行的通证，这家公司野心勃勃，发起了一场不设上限的众筹活动。在历时一年的众筹中，Block.one成功募集了价值40亿美元的资金。而他们也凭借这笔巨款筹款聘请了一支庞大的团队，并在全球一些科技中心城市举行各种活动，旨在鼓励开发人员不断地建设他们的区块链网络。以上两家公司之后都建立了自己的网络，也都成为监管机构追责的目标。不过，虽然美国证监会于2019年对EOS处以2 400万美元的罚款，但这仅占40亿美元的一小部分，因此世俗之人看到这个比例，会认为这个风险值得一试。

随着新型品类的通证大量涌入，加密货币交易所蓬勃发展，而就像2014年的繁荣时期一样，这些交易所发现自己很难弥补交易员人数的缺口。第一批加密货币交易已经被一种新型交易所接管，其中最巧妙的当属币安网（Binance）。币安网的创始人赵长鹏（简称

CZ）是一位充满魅力的加拿大华人，曾参与过Blockchain.info①与OKCoin②的创建。与其他加密交易所相比，币安网的用户界面易于操作，在客户支持方面也做得非常出色，因此，很快成为所有加密货币项目都想上架的交易所。不过，即使在规模较小而且比较初级的交易所，发行通证也不见得是手到擒来的事。

许多加密货币交易所会收取上币费。一些交易所对这些费用开诚布公，而另一些交易所则偏好于先预测初创公司发行通证的收益，再据此和他们讨价还价。据传，部分通证的上架费用高达数百万美元（尽管2018年8月版的《区块链透明度研究所市场监督报告》显示，平均的上币费仅为5万美元[5]）。2018年，币安网不仅公布了加密货币项目的上架费用，还表示将会把这些费用捐献给慈善机构。有关交易所上币费的话题正变得越来越有争议，而捐款则是一个明智的公关举措。

成为头条新闻的不仅仅是EOS和Tezos，所有具备良好构思的公司家都加入发行通证的热潮中。支付系统、分布式计算、点对点能源销售、电子游戏和点对点医疗记录都有通证，你能想到的事物都被代币化了。但在许多情况下，事实并非如此——营销团队经常聘请

---

① 比特币钱包和区块查询网站。——译者注
② 比特币交易平台。——译者注

开发人员，让他们部署一个标准的ERC-20通证项目，撰写一份白皮书，将相关技术的前景描写得充满希望，再举行几次区块链会议，然后才开始考虑聘请外包团队来填写加密货币项目等式中最重要的部分，即技术。与此同时，骗子们玩得很开心。但凡参与过加密生态系统的人都能轻而易举地识破骗局并迅速揪出这些罪魁，还会用表情包来取笑他们，所以，加密货币领域的"老手"根本不把这些骗子当回事。不幸的是，许多初创公司能够吸引大量初出茅庐的投资者，这些投资者受到收益惊人的朋友的感召，开始涌入这个领域。维卡币（OneCoin）的创始团队在被逮捕前，通过所谓的私有区块链筹集了40亿美元；BitConnect是一个借贷平台，它的通证价格曾经涨到500美元。在被揭露为庞氏骗局①后，其通证价格回落至1美元。在加密货币界，有关BitConnect最著名的事件是它在2017年年底在泰国举行的一次聚会。当时，纽约投资者卡洛斯·马托斯（Carlos Matos）在会上掀起了一股福音派的狂热，他热情地高喊"Bitconeeect"的场景还成为油管网不断流传的段子。目前，筹集到高额资金的ICO项目如图8-1所示。

---

① 庞氏骗局，在中国庞氏骗局又称"拆东墙补西墙"或"空手套白狼"。简言之就是利用新投资人的钱来向老投资者支付利息和短期回报，以制造赚钱的假象，进而骗取更多的投资。—— 译者注

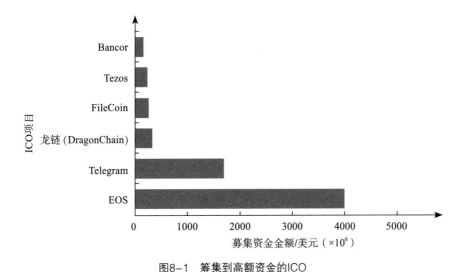

图8-1　筹集到高额资金的ICO

尽管许多人以过高价格购入通证，并因此损失了大笔资金，但ICO的流行在诸多方面都有积极的意义，还引发了关于如何推动小额投资者投资的辩论。不仅有ICO显示人们希望参与投资的巨大需求受到压抑，Kickstarter、Indiegogo[①]、Seedrs和Crowdcube[②]等平台的人气也表明，人们非常渴望有机会"入场"，为优秀的商业构思提供资助。

8.3　监管机构的介入

2017年年底，即使对ICO最热忱的支持者也会承认，市场开始趋

---

① Kickstarter 和 Indiegogo 均为美国的众筹网站平台。——译者注
② Seedrs 和 Crowdcube 均为股权众筹平台。——译者注

于饱和。即使建立初衷仅仅是向潜在的买家提供超额购买通证的机会，但社交媒体上关于ICO的聊天群组也失去了吸引力。不少通证一经发行就遭遇价值下降，而不是令人目眩地涨价。一些通证项目甚至无法实现其发行目标，有关监管机构下一个重拳整治目标的传言漫天飞。

问题在于，尽管ICO是公司进行众筹的绝佳途径，非常符合去中心化的"道德准绳"，且因其是一种新兴产物，所以还没有专门的法律来规范通证的发行，但美国证交会、英国金融行为监管局及其他国家类似的机构都非常明白，他们之所以不需要出台特定的法规，是因为已经存在一项适用的裁决——在美国，这项裁决被称为《豪威法案》（The Howey Act）。尽管大多数风险投资公司都谨慎地为其通证划定了特定用途，并表示如果没有该通证，其提议的区块链将无法运转（这有点类似于针对某项服务的代金券或应用程序数据的预付费API密钥），但是在功能型通证和现在被称作证券型通证之间，用途的界定还是比较模糊。

2017年7月25日，美国证交会发布了一份新闻稿，其中引用了一份。这份报告详细记述了美国证交会调查的DAO通证发行情况，并警告性地宣称，DAO通证由一个名为"The DAO"的"虚拟"组织发行及销售，它是一种证券，因此受《联邦证券法》的约束。随着各种品类通证的不断发行，相关文章突然变得谨慎，不再轻易暗示通证将成为可交易的资产或承诺通证将在哪些交易所发行，这是对所有同类项目的一个警示。如果像DAO通证这样一个被认为是去中心化实体的公司被这样描述，那意味着虽然其他加密货币项目拥有实体公司，且官网上员工的照片都是眉开眼笑的，但是他们所发行的通证实际上可能是未注册的证券。即使是比特币爱好者也不能从嘲讽声中幸免，这是因为他们迫不及待地指出了真正去中心化的优势。

这些警告及《豪威法案》本身是由所谓的豪威测试（Howey Test）决定的。豪威测试来源于1946年的一起案件，法官针对这个案件给出裁决："如果投资者把资金投给一家普通公司，并被引导期望仅仅凭借发行方或第三方的努力来获得利润，那么该投资产品就是一种证券。"虽然这显然是一项裁决，但美国证交会的权力很大，其出台的证券法适用于投资者及投资产品发行公司的所在地。因此，即使通证的发行人不在美国境内，如果该项目允许美国的投资者购买，那么理论上，美国政府也可以指控并引渡发行方。

美国证交会的裁决具有立竿见影的效果，众筹项目的发起人最初会根据投资者的IP地址来限制从美国发起的通证购买（部分加密货币创始人准备忽略投资者使用VPN来购买通证的行为）。他认为即使出了问题，这种做法也会被判为商家的最大努力，并且在社交媒体上描述购买步骤时会更加谨慎，但其实一切其他部分都在照旧进行。规模较大的ICO项目通常由财务经验丰富的高管负责，这些高管采取不同的做法，将通证注册为证券，将其打包后作为公司股份提供给合格的投资者。由于整个过程需要经验丰富的律师提供服务，因此成本十分高昂，许多初创公司无力承担前期成本。虽然人们谈论了许多证券型通证和功能型通证的区别，但实际上，在2015—2018年发行的通证中，只有极少数是真正的功能型通证。

与功能型通证的发行不同，具有上述性质的证券型通证发行代表了投资者对实物或数字资产拥有合法所有权的正式投资合同。如果你参与证券型通证发行，那么你所购得的是一家公司的一小部分股份或债券、甚至是一种资产（比如贵金属及实体地产的部分所有权），或者其他可以给你带来合理预期回报的东西。在最常见的情况中，新兴风险公司以发行证券型通证的方式来出售其股权，因此，这样的通证发行介于ICO和IPO之间。

在这些令人困惑的首字母缩略词和缩写中，首次交易发行（Initial Exchange Offering，IEO）很快横空出世。尽管ICO完全由发行通证的风险公司来执行，但一旦通证发行公司意识到至少需要核实投资者的身份时，那么很明显还有一个市场缺口需要填补。如果你计划发行通证，那么就必须与加密货币交易所谈判并支付上币费，既然如此，为何不考虑一下让这些交易所在早期阶段参与交易呢？这样一来，这些公司就可以借用交易所的KYC系统，并享受高人气交易所的宣传及曝光。交易所也非常欢迎这样操作，因为他们已经具备了所有的基础设施，除了获得上币费之外，还能获得一定比例的通证。

币安网是最早进行IEO的公司之一，通过币安网自己的"发射台（LaunchPad）"平台来进行的。比特流（BitTorrent）在2019年1月使用发射台发行通证，并在不到15分钟的时间里筹集了720万美元。这是币安网的首次IEO。而在币安网的第二次IEO中，Fetch.ai项目仅用22秒就达到了硬顶，吸引了600万美元的投资额。虽然IEO与去中心化过程相反，并非将资金发送至智能合约，而且一切交易都通过交易所的账户进行，但这种集中式操作似乎为那些被去中心化销售理念吓跑、更传统的投资者提供了慰藉。在币安网引领了IEO之后，其他交易所也紧随其后，很快，Bittrex[①]、火币（Huobi）和库币（Kucoin）都有了自己的IEO平台。由于交易所将自身声誉押在这类通证的发行上，潜在投资者获得了一些信心，他们相信交易所已经对所发行的通证进行了尽职调查。这与DYOR（Do Your Own Research，自己做研究去吧）这句关于适应能力和自力更生的俚语截然相反，虽然时至今日，DYOR仍然是加密领域的重要组成部分。不过，获得交易所的认可并不意味着IEO筹集的通证能保住其价值，毕

① 又称"B网"，加密货币交易平台。——译者注

竟，大多数通证已经流失了相当一部分的价值。

我个人认为，2017年ICO的"寒武纪大爆发"揭示了人们对一种全新募资方式的需求，如果处理得当，这对公司及投资者都是有利的。当时，人们对加密货币交易所账户的需求达到了狂热的程度，以至于交易所来不及一一对新客户进行KYC流程。到2019年年中，仅仅Coinbase一个平台就为投资者开设了3 000万个账户。如果你准备忽略安全风险，那么在交易所持有比特币有个吸引人的优点：对于缺乏经验的用户而言，由区块链分叉引发的空投通证（直接向钱包发送免费的通证）是在后台处理的，无须用户具备任何技术知识。那么，这些通证到底是什么？创造它们的目的又是什么呢？

8.4　比特币现金及其他名字带有"比特币"的加密货币

在比特币领域达成升级比特币网络的共识并不容易。尽管任何人都可以向代码库贡献代码，但决定将谁的新代码合并到代码的实时版本中是一个漫长而复杂的过程，而且开发团队也需要对此展开讨论，当然这些讨论是公开进行的。戏剧性的改变可能会导致硬分叉，比如在DAO通证遭遇黑客攻击之后，以太坊就发生过一次硬分叉。这种操作绝对是破釜沉舟式的选择，因为这意味着任何运行旧软件的节点所产生的区块都会在新链上被判定无效。就像一条路上出现了分叉，在区块链发生硬分叉之后，用户最终会得到两条平行的区块链，它们各自进行各自的交易。而一旦分叉发生，也就失去了单一数据源。

2014年，一场关于比特币将如何扩大规模以容纳更多交易的持续辩论进入高潮。虽然时至今日，许多人发现未来的比特币扩展可以通过其他方式实现，但当时的讨论焦点是研究出可行的解决方案，例如简单地扩展区块的大小。B9实验室（B9Lab）的创始人达米安·杜考蒂（Damien Ducourty）是区块链培训及应用领域的专家，针对这一变革，他是这么总结的："当前，围绕可伸缩性的交流发生了根本性变化。以前我们讨论的是基线协议（Baseline Protocol）的可伸缩性，但现在我们探讨的是整个结构的可伸缩性。"

这当然不是2014年的主流观点。经过多次公开辩论后，一个开发团队向前迈了一步，发布了新的软件，并扩大了每个区块的大小，从而增加了可容纳其中的交易数量。新的区块大小是8兆字节，而不是原来的1兆字节，因此差别还是非常大的。比特币社区的许多用户担忧这种想法会在矿工中流行起来。被称作比特币XT的比特币分支将成为比特币的主打产品，所以开发人员对此无所畏惧。虽然最初此次分叉十分成功，之后大约有1 000个节点在开采比特币XT，但它并没有威胁到比特币的生存。尽管它的技术外壳仍然存在，但人们对比特币XT的兴趣已微乎其微。如果区块链经历一次分叉，这就意味着用户将共享分叉点前的交易历史，因此如果你在分叉发生之前持有一定数量的未使用通证，那在分叉完成之后，你可以继续在两条新的区块链上持有相同的通证数量。

关于提高比特币吞吐量的最佳方案也在持续讨论中。2015年年底，一项名为"隔离见证"（Segregated Witness）的改进方案被首次提出，并于2017年付诸实际。Segregated Witness被缩写成SegWit，它是一种减少处理交易的大小、而非扩大区块大小的升级协议。尽管大多数的比特币开发人员、矿工及比特币持有者对这一变化表示欢迎，而且莱特币在数月前已经实施了这样的升级，但币圈的一部分参与者仍然强烈地认为，扩展区块大小是唯一的解决方案。2017年8月，比特币区块链实施了一次硬分叉，所产生的新型资产被称作比特币现金。该通证得到了包括罗杰·维尔（Roger Ver）在内的部分著名比特币用户的支持，而此次硬分叉在社交媒体上引发了剧烈的分歧，双方用户都表示自己享有"比特币"冠名的权利。

尽管比特币现金是最成功的比特币分支，并且一直在加密货币的市值排行榜上排在前四、前五，但不少比特币的用户仍然把它看作是一种替代性加密货币。在比特币现金推出一段时间之后，比特币现金社区内的不同阵营之间仍然存在相当大的分歧。2018年11月，比特币区块链再次进行代码分叉，其目的是创建出更大的区块（128兆字节）。这次分叉所产生的新型货币被命名为比特币SV（指代中本聪的愿景）。比特币SV让人联想到备受争议的克雷格·赖特（Craig Wright）博士，赖特博士长期以来一直声称自己就是中本聪，而且个性政治在比特币现金和比特币SV的世界里持续占据着重要的地位。比特币现金及比特币SV的支持者提出了一种观点：扩展数据块的大小有助于提高吞吐量，因此，这一新的区块链网络更适合处理较小额度的交易。但比特币的支持者对此表示反对，他们指出，比特币的发展为其他方面带来可能性。比特币现金和比特币SV均有矿工持续开采，不过前者的矿工人数不足比特币矿工的四分之一，而后者的矿工人数则约占矿工总人数的5%。比特币现金和比特币SV也遭受诟病，因为它们允许矿工进行大量开采，因而导致它们的网络比比特币本身的网络具有更集中化的操作。

这些分歧让不少比特币领域的参与者及观察者辗转反侧，但是许多散户比特币持有者却极大地忽略了潜在的危机，他们认为每次出现新的分叉，自己的资金都会有所增加，因此只会表现得欣喜万分。虽然这些新型通证的价值从来比不上比特币本身的价值（通常比比特币本身的价值要低得多），但新型通证的持有者似乎正是比特币未来纷争的主要受益者，因为他们能空手套到空投的资金。即使投资者从最近的分叉中只收获了价值100美元左右的新型通证，但这仍然是一个令人愉悦的惊喜。与此同时，分叉背后的开发人员和营销团队还需要进行艰苦的尝试，以期提升新型通证的接受率及受欢迎程度。并不是所有新推出的比特币分叉货币都会在交易所上架，而且最艰巨的挑战之一就是说服矿工：目前价值微不足道的新型通证值得他们将挖矿算力（全部硬件和电力费用）转移到上面去，并且这些新型通证只集中在回报率最高的区块链网络上。

2017年，比特币分叉持续激增，当年10月还推出了比特黄金（Bitcoin Gold），之后还发行了比特币钻石（Bitcoin Diamond）、Bitcoin Private①及其他各种加密货币。不过，这些替代性加密货币都没有阻碍比特币的发展。尽管比特币的价格从2017年年底的历史高位回落，但它不断证明自己不会受到这些戏剧性变化的影响。

尽管不受监管的ICO得到了蓬勃发展，比特币分叉也在不断泛滥，但当时还发生过一场没有占据头版头条的革新事件。全球大型银行和金融服务公司一直关注比特币及其技术，很快，创新团队和初创公司也开始考虑使用区块链技术来提升公司的流程效率。在下一章中，我们将探讨一些在这方面的成功案例。

参考文献

[1]Chivers T. The AI Does Not Hate You[M]. Weidenfeld & Nicolson, 2019.

[2]Finley K. A $50 million hack just showed that the DAO was all too human[J].

---

① 意为"比特币私有"。——译者注

Wired, 2016-06-18.

[3]Kauflin J. Where did the money go?[J]. Forbes, 2018-10-29.

[4]Lewis-Kraus G. Inside the crypto world's biggest scandal[J]. Wired, 2018-06-19.

[5]Blockchain Transparency Institute. Market surveillance report[R]. 2018-12.

第九章

银行业与金融服务

如果我们想要了解银行业使用区块链技术的现状，那就需要回溯至2012年。当时，比特币已经问世3年之久，有关这一奇怪的新型货币的消息已经传到密码朋克的圈外。大多数金融从业者在想到比特币的时候，都会把它视作无政府主义者和理想主义者才会使用的异类货币，而这两个团体都坚信这种"神奇的互联网货币"能推翻全世界的银行体系。许多银行业的专业人士也没有研究比特币底层的技术机制，并且认为比特币只会遭到黑客攻击或被政府取缔。我们从前文章节中已经了解到这两种情况都不太可能发生，但金融服务业和银行业还是时常排斥这项技术。

不过这其中也存在几个例外。一部分银行拥有自身的创新团队，或者在某些情况下，其中有人能透过炒作来看清区块链技术的贡献。银行业对区块链技术的潜力一般有两种反应：一部分银行希望投资那些直接利用比特币及其他潜能技术的初创公司；一部分银行的技术团队则了然于心，使用具有比特币区块链某些属性的系统可能有所裨益，但该系统和比特币本身并无直接关联。

到了2015年，众多银行都试图分得一杯羹，比特币市场也随之发生了一系列活动。这些银行的策略不一而足：有的银行对比特币很感兴趣，并打算与加密货币初创公司展开合作或进行投资；有的银行则更希望依靠其创新团队来研究如何在内部采用分布式账本，并与重要的合作伙伴共享账本，以期提高工作效率。在本章的靠后部分中，我们将谈到在跨行或跨公司的层面上使用新的工作方式极具潜力，这对于位高权重者而言是非常鼓舞人心的，因为这样的技术有力地促进了竞争各方之间的合作，达到了自互联网问世以来未曾见到过的水平。

2015年7月，总部位于巴黎的法国兴业银行（Société Générale）发布了首条面向比特币等加密货币的开发人员的招聘广告[1]，这创造了历史。同年，巴克莱银行在伦敦与能提供汇款服务的Safello①公司合作完成了初步的概念验证，并将3家专注于区块链的初创公司纳入其加速器中——Safello、Atlas Card②和Blocktrace③。[2]

然而，人们很快开始明白，大多数银行还没有准备好发挥这些新型开放式网络的真正潜力。他们在很多情况下仍然对比特币心存怀疑，这意味着他们既不准备了解通证的用途，也不想学习能让区块链网络保持运转的激励机制。到了2016年，"欢迎区块链，但拒绝比特币"成了业内高管的口头禅，他们想要弄清楚如何既能保留区块链有用的技术来提高业务效率，又可以抛弃比特币本身。在许多高层管

---

① 一家位于瑞典的比特币交易所。——译者注
② 一款澳大利亚的线上电子转账服务。——译者注
③ 区块链法证和分析服务提供商。——译者注

理人员看来，比特币与理想主义者、自由思想家和革命家有所联系，因此，这个词也已经被这样的联系所"玷污"。但"区块链"是一个令人兴奋的流行词汇，它可以和"大数据""人工智能"等流行语出现在同样的句子中，银行的高管们将这些句子汇编成信誓旦旦但实质甚微的战略性文档。

理查德·克鲁克（Richard Crook）是金融服务技术初创公司577实验室（LAB577）的董事，曾经在英国国民威斯敏斯特银行及苏格兰皇家银行担任新兴技术部门主管，他认为情况从那时起就发生了变化：

2015年，我们努力将比特币从区块链中分离出去，因此得以使用区块链技术。目前，区块链技术在交易后结算、贸易融资、净额清算、清算和结算等领域取得了非常成功的效果。这些领域具备很广的交汇点，在银行之间和公司之间都是如此，而且区块链或分布式账本技术在这些领域均得到了非常成功的应用。我们在最初的概念验证上有很多错误的认知，人们当时把数字化和去中心化混为一谈。

真正令人兴奋的是比特币和区块链之间的人为分裂正在回归，加密货币世界正在与我刚刚描述的区块链技术应用相互融合。

要理解为什么这些"没有比特币的区块链"技术项目对银行具有

如此大的吸引力，首先必须了解它们旨在颠覆的流程。由于背负了数十年的技术债务，构成世界金融基础设施支柱的行政体系已经"吱嘎作响"，这是因为许多关键的服务都必须依靠其他服务，而协调如此大规模的革新既价格昂贵又颇具风险。

在美国，大约80%的零售银行交易仍然在使用"面向商业的通用语言"（COBOL）编程语言来编写的平台上进行。COBOL发明于1959年，它在很大程度上是老一代程序员的专业领域。银行以微薄的工资返聘退休人员来维持系统运转的故事比比皆是，甚至在一则虚构的故事中，一家银行疯狂地致电养老院中的某位老人，因为只有这个人拥有修复银行系统漏洞的专业技术。目前，银行技术正慢慢地转移到使用现代编程语言的新型平台上。不过，这个过程非常昂贵——比如西班牙国际银行为其雄心勃勃的数字转型计划拨款了200亿欧元[3]。

这听起来也许是个天文数字，但许多银行业的人士认为，此类充满野心的计划是他们与Revolut、Monzo和Starling等冒险型银行或新型金融科技公司竞争的唯一机会。银行并不是"FIRE（金融、保险和房地产）"部门中唯一正与陈旧系统负担角力任务的组织，竞争的领域不仅仅在于使用的技术方面，这些部门的文化及传统也遭到了挑战。

在与金融业及银行业联系紧密且同样老式的保险业中，还有一个传闻大于事实的故事：过去，保险业务通过手写的笔记进行，这些笔记由一个代表传到另一个代表手上，他们会在执行之前签署该记录。

当保险业开始应用数字化系统以后，工作人员将原始文件做成扫描件，再通过电子邮件发送给下一个人，而后下一个人再把它打印出来，签上大名……然后扫描并通过电子邮件再发送给下一个人，依次类推。鉴于这样的体系已经绵延了数百年，人类已经沦为传统的囚徒，很难想象彻底转变成另一种工作模式。

与生活中的很多方面一样，这些概括在许多机构中并不适用。在20世纪80年代的伦敦金融城"大爆炸"解放了交易方法之后，部分公司抓住机会进行自我改造，并投资探索新型工作方式。高盛集团在其中脱颖而出，它现在不仅是一家银行，同时也是一家科技公司，所拥有的软件工程师人数占员工总数的近三分之一。技术团队不再潜伏在这些机构的后台，在过去，除非出了什么问题，否则没人会注意到他们的存在；但时至今日，技术人员通常在人数不多但效率极高的团队中工作，与交易员并肩作战。

9.1　零售银行结算

然而，高盛集团的模式远未普及，许多组织现在仍在用人工的方式履行部分银行职能。直至今日，银行有时甚至还在使用电子表格来处理结算过程（证券、期货期权及零售支付中的结算），对账可能需要耗费好几天的时间。银行使用分布式账本技术来促进商业模式革新的主要目标正是结算领域。

如今，许多银行仍在使用电子表格来完成结算系统的重要部分，撇开这点不谈，我们还可以思考一下跨行结算的工作模式。正如我们在前文所讨论的那样，即使个人或公司在某家银行开设了账户，银行也不能拥有这些个人或公司有账户的资金。

如果A公司在Y银行有账户，而且A公司的活期账户余额为100英镑，则这是银行的负债，即Y银行欠A公司100英镑。现在我们可以想象一下，A公司想把其中的50英镑汇给B公司，而B公司的银行是在Z银行开设的。大多数人都会认为，那么这笔汇款实际上是在Y银行和Z银行之间转移的，它们会调整记录以反映最新情况，但事实并非如此。假设B公司在Z银行的账户余额为25英镑，那么当B公司收到A公司的汇款后，B公司的账户应该贷记75英镑，这实际上就意味着Z银行现在欠B公司75英镑，而不是25英镑了。银行为什么要这么做？它们如何应对客户日常的突发奇想和需求，以防止资产和负债完全失衡呢？

在这个简单的例子中，解决方案是Y银行和Z银行之间有相互往来账户。因此，Y银行在Z银行有账户，反之亦然。当A公司向B公司转账50英镑（从Y银行转到Z银行）时，Y银行会给Z银行发送信息，告诉它们Z银行在Y银行的账户增加了50英镑。因此，现在两家银行的资产和负债与交易前一样。在实际操作中，如果Y银行和Z银行这样进行每一笔交易，那么财务花费是很大的。因此，特定银行之间的交易都会被累积起来，分批进行结算（这个过程被称为净额结算）。

这个解决方案听起来比较直截了当，但当客户希望在彼此没有相对往来账户的银行之间付款时，情况会变得格外复杂。在这种情况下，他们必须通过各种中间银行来进行结算，而这些中间银行恰好彼此拥有账户，这就形成了一条债务链。还有一个复杂的问题：如果转账涉及大量资金，而且一家银行比另一家要大得多，它可能不希望对规模较小的银行具有风险敞口。如果这个方法听起来不够聪明，那似乎应该有一个更好的解决方案。事实确实如此。在英国这样的国家，其国内的所有银行都在英格兰银行（英国央行）持有账户，银行间的债务转移通过央行持有的账户完成。因此，在以上的案例研究中，如果A公司要向B公司转账50英镑，那么可以将50英镑从Y银行在英格兰银行的账户转到Z银行的账户内。这就是所谓的"实时全额结算"，这大大加快了交易时间。尽管名字如此，而且交易的速度相对较快，但仍然不是实时进行的。那么分布式账本技术在这里有帮助吗？最近的实验结果都比较积极，我们可以从下面的例子中了解这一点。

2019年进行了范围最广的区块链实验，其中涉及17家意大利主要的零售银行。由于意大利的会计调节缺乏标准化操作，所以整个过程特别复杂。如果有关最终结算的信息没有匹配，则可能需要借助手动模式来解决，十分费劲。在意大利语中，这种特殊类型的结算被称为"Spunta"，而这一特殊试点计划的目的是促成R3公司软件公司与其他合作组织的合作，让零售银行使用R3的Corda分布式账本框架，为零售银行交易带来透明度和共识性。

该倡议由ABI实验室（ABILab）牵头，是一个由意大利银行业协会推动的创新中心。ABILab的研究经理西尔维娅·安塔纳希欧（Silvia Attanasio）表示，正是由于解决了会计调节遇到的挑战，目前银行之间会计调节是比较理想的。她还提道："首先我们必须有一个真实的业务需求，我们使用分布式账本技术来解决这个需求。意大利的Spunta流程使用一种特殊的通信账户，只要账户的所有权属于一家银行，另一家银行就看不到任何东西。因此，首先需要改进透明度，其次需要提高匹配规则和匹配活动的效率，最后需要更好地处理亟待进一步调查的资金转移。"

虽然可以理解，一个国家内跨行支付的现有结算机制是比较复杂的，但请记住，这些银行都是具有竞争关系的私营公司，它们完全没有动机或理由去相互信任。欧元区（欧盟内部以欧元为支付单位的国家的集合）不同国家的银行之间转账已经足够复杂，但是在涉及不同洲的银行之间付款时，支付单位、跨时区、所用的技术、执行的法规及当地的解决方法都可能不尽相同。人类能够进行跨境转账本质而言已经是一个奇迹，但最终我们为这个非常缓慢的过程花费了太多资金……这个流程亟须优化。

9.2　跨境支付

让我们看一看目前国际支付是如何管理的。假设你现在在伦敦，想给马尼拉的朋友转一笔资金，并且决定不使用比特币。曾经向位于另一个国家的收款人转过账的人都会熟悉IBAN代码的概念，这是一串上限为34个字符的参考代码，十分易于大家理解。然而，当零售客户使用IBAN来给另一个银行账户转账时，通常还需要提供其他信息，这些信息可能因银行而异，但汇款方不得不向收款人索要信息细节，例如收款银行的地址或它们的实际位置。

麦肯锡在其报告《区块链和零售银行：建立联系》（*Blockchain and retail banking: making the connection*）[4]中称：将区块链技术应用于跨境支付每年可节省约40亿美元。但是我们还需要记住，银行可以通过多种途径来解决国际支付缓慢和低效的问题，其中只有一种方式涉及区块链。在脸书公司宣布天秤币项目后的几天内，支付服务供应商SWIFT也发布了自己的支付基础设施转型计划，但目前仍未发现其中包含区块链或加密货币。弗朗西斯·科波拉（Frances Coppola）在《SWIFT的国际支付之战》（*SWIFT's battle for international payments*）中指出："事实上，支付'管道'正在经历自20世纪80年代以来最根本的变化。国内支付系统正在越来越靠近实时发生……而正如SWIFT所提到的那样，银行要想生存下去，就必须对这些影响深远的变化作出反应。当然了，SWIFT及其银行伙伴要想存活下去，也必须对加密货币带来的威胁有所回应。"[5]

科波拉说得没错，缺乏共同标准是无缝国际支付的最大障碍。SWIFT不相信区块链技术能够解决这个问题，因此他们致力于采用更接地气的方式来实现全天候的即时支付，例如采用公开的ISO 20022标准、开放平台和跨境、跨机构的标准化技术架构。不过她还指出，这还需要银行之间某种程度的合作及他们对新技术的投资意愿，但迄今为止，大多数银行尚未表现出以上意愿。想要加快促进跨境、跨机构支付的变革，很可能不仅需要改进现有的银行系统，还必须结合区块链、加密货币或分布式账本技术，而非采取任选其一的方式。

SWIFT是一个完全独立的组织，它不属于任何一家银行；与此相较，基于区块链的主要国际支付网络是由单一组织发起的，它就是摩根大通集团。2017年，摩根大通作为试点推出了银行间信息网络（Interbank Information Network，IIN），该网络当时仅包含27家银行，目前已发展到全世界350多家银行，其中约40%的银行位于亚洲。无论以什么标准来衡量，IIN都是全球规模最大的实时银行业区块链项目，其目的是加快跨境支付速度，减少延迟，让汇款更快地到达收款方。INN是一个基于Quorum机制的点对点网络（你可能还记得Quorum来源于以太坊）。IIN网络的签署机构名单念起来就像是全球银行业的名人录，上面囊括了来自亚洲、非洲和远东地区的知名机构，而且摩根大通还有志于进一步推广IIN网络。

无论规模大小，世界各大洲的银行都能借助IIN网络，或多或少地即时交换安全且有效的结算信息，整个过程无须依赖国家央行或其他受信机构——这就是INN的成就。虽然摩根大通的稳定区块链项目包括IIN和摩根币，但需要搞清楚，通过IIN网络来进行交易并不需要使用通证。而且，运行IIN的Quorum区块链并不向公众开放。因此，居住在马来西亚并希望向厄瓜多尔的亲戚汇款的人无法直接接触IIN总账，他们必须像往常一样向银行发起转账请求。不同之处仅仅在于银行间的沟通方式，这和个人的操作方式关系不大。

9.3　协同合作

传统而言，全球各银行之间是竞争对手，并非合作关系。因此，当我们看到摩根大通和高盛集团等机构在自己的项目上取得进展并从中获利时，也就觉得不足为奇了。从这层意义上来说，我们可以在IIN这样的项目上观察到，摩根大通正在SWIFT擅长的领域中与其展开激烈角逐。然而，如果回报达到一定程度，即使是互为死敌的竞争对手也可以相互合作，而且在某些情况下，由于它们展开合作，银行业务的数量从总体上会有所增长，这对双方来说都是双赢的局面。

R3联盟就是一个协同合作的例子。我们在本章前部分讨论过银行之间的合作，其中，意大利银行业协会与R3公司及各家意大利银行携起手来，共同尝试基于数字总账技术的零售支付结算，而且这并不是R3公司首次与众多银行展开合作了。总部位于纽约的R3公司成立于2014年，它致力于为金融服务、保险、贸易融资及许多其他部门开发分布式账本技术解决方案。2015年，R3公司成立了一个联盟，与少数几家大型银行或机构展开合作（最初的联盟成员包括英国巴克莱银行、西班牙毕尔巴鄂比斯开银行、澳大利亚联邦银行、瑞士瑞信银行、高盛集团、摩根大通、苏格兰皇家银行、瑞银集团等）。R3公司开发的平台称为Corda，根据其设计理念，Corda是一个需要许可的分布式系统，允许合作成员之间进行点对点的信息交换和交易处理。Corda严格控制哪些用户可以查看哪些信息，因此，如果A银行在特定的Corda与B银行进行交易，C银行将无法查看这些交易，但Corda、A银行及B银行都能查看完整的交易信息。

基于Corda所构建的应用程序被称为CorDapps，自2015年以来，Corda的潜在用例及加入R3联盟的银行数量都迅速增加。虽然摩根大通、高盛集团等少数知名公司纷纷退出R3联盟，开始专注于打造自己的分布式账本解决方案，但目前该联盟仍有超过100家银行成员。2017年R3公司在A轮融资（初创公司的首轮风险资本融资）中筹集了

1.07亿美元，表现出对革新这一领域的野心。

不仅银行和金融公司相互展开合作，有时也有区块链软件公司加入这样的合作项目。比如，Axoni和Clearmatics这两家公司就是分布式账本研究和开发的中流砥柱。此前，Axoni与R3公司及IBM公司合作开发了一个旨在改善衍生品交易后事件流畅度的框架，而且在2018年，Axoni还与总部位于伦敦的Clearmatics公司合作进行概念验证——在这个项目中，衍生品智能合约在一个区块链上执行，而结算则在另一个区块链上进行。Axoni在衍生品领域做了很多探索，而Clearmatics也开发了自己的开源互操作协议，这也证明了，着眼于区块链的新型软件公司有一个关键的特性，即都怀着为了推动研发而分享知识的意愿。

理查德·克鲁克（Richard Crook）指出，在这个充满去中心化机遇的崭新世界中，合作是非常关键的。

借助区块链，你可以独享无限乐趣。而在反垄断的大环境中，协同合作是一件难事，因此，我们可以观察到金融机构像它们在互联网上那样聚集在一起，以促进合作的发生。不管是零售客户、公司还是金融机构，它们现在都可以通过互联网来办理银行业务，因此整个银行业需要展开大规模的合作。这就是我们再次看到的情况。

当然，区块链技术或分布式账本解决方案不仅可以转移价值、执行智能合同和完成交易结算，它们也可以作为各方共享信息的方式，既灵活多变，又值得信赖，这个功能正是我们下一个即将探讨的用例。

9.4 KYC 规则、信用检查与数据集合

机构之间共享信息的主要目的之一是确保银行遵守本国和其他国家及地区的反洗钱规定。借助区块链技术，点与点（peer）之间可以进行即时信息共享，同时区块链技术能最大限度地降低信息篡改的可能性，因此，这项技术成为审计师和合规专员的有力工具。

去中心化区块链结构剔除了重复的KYC与反洗钱（Anti-Money Laundering，AML）合规检查（银行共享认证信息），减轻了信息负担，银行也可以利用这个结构传输更新后的数据。举个例子，Bluzelle是一家基于区块链的数据存储初创公司，2017年，它与新加坡的3家银行（新加坡汇丰银行、三菱日联金融集团和华侨银行）组成的财团合作测试了一个KYC平台。这个合作项目显示，区块链平台能够提高效率，降低金融犯罪风险，并帮助金融机构满足客户对服务质量及处理速度的需求。据预测，区块链技术的应用使成本降低了25%~50%（这里需要注意，Bluzelle是一家独立的公司，它所提供的第三方产品不是由银行创造的专有软件产品）。

金融机构利用这类信息对个人和公司进行信用审查，并根据潜在客户的信用记录，决定贷款金额或提供的金融产品种类。益博睿（Experian）①和艾可菲（Equifax）等公司掌握着数百万人的数据，而这些人通常并不知道此事。在艾可菲公司遭受黑客攻击事件中，1.43亿人的私人财务细节被爆出，许多数据失窃者甚至不知道自己的详细信息被艾可菲公司掌握，他们几乎不了解或者不知道这家组织的存在。

当然，金融机构之所以需要掌握我们的部分个人信息及财务数据，并不仅仅是为了KYC流程和信用审查。在第8章中，我们简要地介绍了金融科技的崛起，英国开放式的银行法规为此提供了推动力。而金融科技不仅为富有挑战精神的银行提供了公平的竞争环境，也给予那些提供各式服务的应用软件（从手机上的投资软件，到Curve等银行卡集合软件）公平角逐的机会。类似的集合服务搜集了许多关于我们消费及储蓄习惯的数据，背后的公司通过坐拥这些数据并收取服务费赚了个盆满钵满，但时不时也会冒出一些创新工具，它们可能颠覆传统金融机构在这一领域的主导地位。

2019年，维萨公司宣布了LucidiTEE试点项目的结果，在该项目中，金融机构在无中介的情况下共享和处理数据。在发表的研究论文中，维萨将LucidiTEE表述为"首个允许多方联合计算大规模私

① 全球信息服务提供商。——译者注

人数据的系统，即使数据提供方处于离线状态，该系统也能保证它的政策合规；同时，LuciditTEE还能确保所有数据接收方都能获得公平的服务"[6]。那么LuciditTEE是怎么做到这些的呢？简而言之，需要许可的分布式账本（如Hyperledger）能够提供数据计算共享的历史记录，而数据本身的敏感计算则需要在可信执行环境（Trusted Execution Environment，TEE）中执行。

TEE必须遵守一定的规则和策略，区块链网络中的所有参与者都同意这些规则和策略，而且所有人都可以随时通过验证账本的历史数据来检查计算的历史记录。在TEE中，银行及其他金融机构可以直接与第三方共享自己的数据，例如，这些机构可以审核客户的借款记录或汇总客户的消费数据，并承诺这些数据不会被滥用，并且客户在使用数据的时候会遵守通用数据保护条例（General Data Protection Regulation，GDPR）等法规。如果其他机构想要与这些数据交互，那么这样的能力会受到嵌入网络中的计算规则的限制，因此，网络的参与者不需要相互信任，也不需要第三方（如聚合器）提供数据和审核数据。

9.5 审计追踪与区块链

正如我们所讨论的那样，分布式账本技术在金融领域的发展模式有一个显著特点：银行和机构有意愿相互合作，而且软件公司在某些情况下也希望能合作进行研究和开发。常言道，区块链是一项团队运动，如果只允许受信任的人参与其中，那么维护无须授信的分布式网络就没有什么意义了。还有一个显著的特点是机构对其编程团队创建的代码和体系结构不再遮遮掩掩；相反，金融机构的软件正在向开源软件的方向发展。只需看一看Corda和Quorum，我们就能了解整个行业正在快速地发生变革。

即使如此，如果说2019年有一条新闻能概括金融领域这一全新举措，那就是安永（世界排名前五的审计机构）宣布，它不仅自行开发了一套允许人们在以太坊区块链进行完全的私人交易协议，而且对该协议完全开源。这意味着安永将协议代码发布到GitHub网站上的公共代码库，以免费的形式与所有人共享这些代码。安永将这个由智能合约和微服务组成的程序库称为Nightfall，并使用零知识证明，其最初的用途是帮助公司客户管理供应链和食物溯源。

安永全球区块链创新负责人保罗·布罗迪（Paul Brody）在解释为什么免费提供代码的决定时表示，保障公有区块链的安全性及可伸缩性是安永的首要任务，而想要普及这种隐私加强技术，最快的方法就是将其公开。在公有领域发布代码后，随之而来的是密集的审查和测试，也只有这样，区块链才能符合安全方面的最高标准。[7]

审计公司对开发分布式账本解决方案抱有浓厚的兴趣，这是一件很自然的事情——不可改变的交易链难以篡改，这样一来，验证账户及流程将更加顺利，耗时也会减少。

9.6　贸易融资——信用证

人们普遍认为，在银行提供的所有职能和服务中，信用证是一个区块链技术足以颠覆的领域。信用证是一种烦琐的贸易单据体系，它向货物的卖方保证他们将收到货款，也可以向买方担保他们将会收到所订购的货物。

来自B9实验室（B9Lab）的达米安·杜考蒂（Damien Ducourty）也认为，信用证是分布式账本技术首个真正取得进展的领域，他表示："我们已经观察到，区块链技术在金融机构的主要用途是发行信用……这是因为它是一个相对简单的应用程序。区块链技术很有帮助，而且马上就能派上用场。在此之前的很多年内，它涉及的许多经济活动只能各自独立地展开，而现在，区块链技术能提高这些金融工具的流动性。"

虽然银行能从发行信用证上获取不少利润，但对那些需要用到信用证的人而言，相关费用是非常高昂的。英国政府曾经在政府网站告诫大家：除非有不得已的原因，否则不要使用信用证。这是因为它们不仅价格昂贵，而且处理起来还可能会出现延迟或增加额外的文书工作。

然而，许多出口商别无选择，它们只能请求银行提供信用证服务，当然这也可能由于进口商所在国家的某些法律对此有所要求。信用证是一项体量庞大的业务。信用证的主要类型多达5种，使用人必须遵守一定的标准，还必须严格遵守信用证中规定的条款——鉴于信用证有不少不便之处，如今银行业使用去中心化技术来变革整个系统也就不足为奇了。

Voltron联盟是这一变革的主要推手，该联盟成员都使用R3公司开发的Corda平台。Voltron联盟的创始成员包括法国巴黎银行、汇丰银行、荷兰国际集团、国民西敏寺银行和渣打银行，而该联盟的成员目前包括50多家银行和公司，并且与R3公司和CryptoBLK①公司展开合作。2018—2019年，Voltron联盟的成员之间进行了现场实验，它们在六大洲的27个国家生成信用证。此次实验证明，发行信用证的整个过程所需的时间可以从5~10天缩短到24小时。以任何人的标准来看，这都是巨大的成功。鉴于这一举措是在2018年10月才宣布的，达米安·杜考蒂的观点得到了进一步印证，即信用证确实是分布式账本技术促进转型的主要目标。

---

① R3和CryptoBLK均为区块链初创公司。——译者注

9.7　贸易融资——赊销

并非所有交易都需要使用信用证。在区块链技术成为一种选项之前，人们早就找到了其他替代解决方案，而从上面的一些例子中，我们已经了解到信用证的流程是多么繁杂，所以也就不以为怪了。世界上大部分的贸易付款都是通过赊销来完成结算的。在这种模式下，进口商在支付货款之前，出口商就可以装运货物，进口商也可以提取货物。在区块链出现之前，进口商可能会在货物交付后的90天内才完成付款，而且不同国家的公司不一定对没有日常交易往来的公司知根知底，所以人们需要比信用证更值得信赖的结算方式。贸易融资平台Marco Polo是R3公司和TradeIX①的合资公司，该平台提供了一种解决方案，不仅能够促进贸易流动，而且可以消除国际贸易壁垒。Marco Polo的用户包括法国巴黎银行、德国商业银行、荷兰国际集团银行、渣打银行、三井住友银行、国民威斯敏斯特银行、法国外贸银行、荷兰中央银行、曼谷银行、芬兰OP金融集团、丹麦银行、英国海湾贸易银行等。

理查德·克鲁克将当前金融业的技术革新浪潮比作新一代互联网的诞生："在过去的25年中，我们一直期待信息互联网何时推出。

① 一个区块链贸易融资平台。——译者注

而到了今天，我们更关心接下来的25年，价值互联网何时才能造福人类。"

他还认为，通证是价值互联网的一个组成部分。当被问及通证在Marco Polo等平台的交易过程中可能扮演何种角色时，他表示：

价值互联网的另一环是那些在实体经济中提供贸易融资或对账服务的区块链项目，这些项目的负责人也意识到，区块链具有价值存储和价值转移的需求，换句话说，这些服务需要通证的存在。如今，他们还只是通过来回发送费用清单来完成贸易融资和对账的需求，但很快他们意识到所亟须的是能在账本内部完成的支付……目前，Marco Polo等贸易平台仍然需要交换各种贸易凭证，包括发票、信用证、采购订单等。

接下来的步骤需要离开这个新式网络来进行，跨境支付必须通过SWIFT这样老式的系统来完成。这就意味着，虽然这样的操作能确保交易的透明度，但却牺牲了客户体验，并产生了费用及延迟。而且正如我们一直所强调的那样，人们不会无缘无故地交易——他们之所以交易，是为了获得商品和服务。因此，如果你现在必须在两个不同的渠道完成发票开具和支付转账，那么你会希望能在同一个网络的同一个结构中进行这两个操作。

9.8　分布式账本技术在银行业的应用前景

达米安·杜考蒂认为，人们在探索通过区块链提高诸多金融服务领域的效率方面不断取得进展，但这种趋势已趋于稳定，甚至已经降温（有一些例外值得我们注意，比如贸易融资）。历史上头一回，人们开始更多地关注加密货币本身的潜力。

据我们了解，不少人暂时没有探索区块链在金融领域上更多潜在应用的意愿，因为人们意识到，如果现有流程受到影响，可能会引发其他风险。

但是在加密货币领域，我们捕捉到了更多进展。这是为什么呢？因为这个领域的潜力更加令人兴奋——出现了新产品、发行的新通证，以及加密通证衍生出的新型金融工具。在这个领域内，我们嗅到了加速发展的迹象，其中，证券型通证发行的兴起尤其引人注意，我相信这种形式的通证将让一部分人心生激情，同时也会使另一群人胆战心惊。

未来10年，银行和金融机构将面临巨大的挑战和深刻的变革，其中的许多银行和金融机构已经存在了几个世纪。就像一艘无法轻易改变航向的巨型油轮，技术基础设施、现有协议、文化因素和工作模式对于金融行业而言都是巨大的沉没成本，这意味着这些金融机构难以适应不断变化的技术及市场条件。越是老牌的金融机构，股东对快速转型计划的抵制就越强烈。无论在哪一个司法管辖区域，手握客户资金的公司往往面临非常严格的监管。除此之外，从纵向和横向等多个维度上，反垄断及反卡特尔的规则也正在限制金融行业的扩张、合作和收购活动，而这些金融机构在各个领域成功取得了一些令人印象深刻的创新，确实称得上是个奇迹。

当然，即使在公司的内部，很多创新也是时断时续的。2015年，当巴克莱银行通过其在伦敦的加速器计划为比特币初创公司提供支持时，其他商业银行的零售部门正急着关闭涉嫌参与加密货币业务的个人账户及公司账户。在英国、欧盟、美国及全球大部分地区，加密货币交易所及其他去中心化业务的商业银行账户是否可用依旧是个问题。但瑞士却拥有最多的加密货币友好型银行，这也许并不让人意外。2018年的夏天，Hypothekarbank Lenzburg银行成为第一家为区块链及加密货币相关金融科技公司提供公司账户的瑞士银行。

不过，正如比特币忠实的拥护者们很快指出的那样，去中心化货币的创造并非毫无理由，而且其目标也并非提供一种取代全球金融从业人员的选择。如果人们确实认为比特币的存在目的是抢夺人类的饭碗，并为个人提供了以低价、快速和未经审查的形式来行使支付权利的机会，那么从某种意义上，去中心化平台或许可以取代银行及其他金融巨头，也提供同样的产品和服务。诚如互联网不仅仅是"一个真实的、但是在线上的世界"，区块链从根本上颠覆了我们对金钱、价值及金融工具的认知。

在下一章节中，我们将重点介绍其中一些新的构思。我们首先将探讨在未取得比特币托管权的情况下进行比特币交易的各种方式，然后介绍投资者使用通证来投资现有金融产品的途径，最后再介绍一下DeFi（去中心化金融）的概念。DeFi的支持者相信它具有真正的变革力量，能够为下一批潜在交易者打开一个汇聚各种产品及可能性的全新世界。

参考文献

[1]Higgins S. French megabank Société Générale seeks Bitcoin expert[EB]. CoinDesk, 2015-07-22.

[2]Spaven E. Three blockchain startups selected for Barclays Accelerator[EB]. CoinDesk, 2015-03-23.

[3]Kahn J, Devereux C. Banks waking up to fintech threat throw billions into digital[N]. Bloomberg, 2019-05-10.

[4]Higginson M, Hilal A, Yugac E. Blockchain and retail banking: making the connection[R]. McKinsey & Company, 2019-06.

[5]Coppola F. SWIFT's battle for international payments[J]. Forbes, 2019-07-16.

[6]Sinha R, Gaddam S, Kumaresan R. LucidiTEE: A TEE-blockchain system for policy-compliant multiparty computation with fairness[R]. Visa，2019.

[7]EY. EY releases zero-knowledge proof blockchain transaction technology to the public domain to advance blockchain privacy standards[R]. 2019-04-16.

第十章

金融产品的变革

我们讨论了银行系统如何利用区块链技术及类似体系来提高传统资产和价值流动的效率，并改进相关流程。从终端用户的角度来看，无论背后原理如何，信用证或跨境支付基本上是相同的产品。客户无疑将从耗时更短的交易中获益，不过，交易过程所节省的成本是转嫁给了终端用户，还是被金融机构保留作为成本节约，这还有待观察。

与此相较，我们将在本章中讨论不同形式的加密资产的颠覆潜能。我们会谈到老牌公司提供的新型产品，还会探讨潜力有待开发的科技创新，而且这些创新只能通过去中心化技术来实现。

自从比特币被看作一种价值储存和交换手段以来，比特币等加密货币本身就是一种资产，这一点更加毋庸置疑。比特币和莱特币等通证是传统的无记名资产，这意味着私钥的所有者就是资产的持有人。不少比特币持有人宁愿自己持有资产，也不愿依赖那些基于第三方信任的法定货币；而另一部分人则热衷于将传统金融体系的理念及结构与加密资产结合起来，以令人兴奋的新型方式来利用这些资产的价值。

一部分比特币持有者的构思可以简单地概括为"使用新产品来进行一些老操作"，譬如比特币期货和比特币ETF；而另一些想法

（比如由DeFi平台激起的新概念）则体现了人们对价值、价值储存及创造财富方式的认识产生了巨大转变。

10.1 比特币期货

在长达几年的时间里，比特币只是比特币。早期的比特币用户非常热衷于使用它来购买产品，有些用户则更热衷于交易比特币。不过，很多原始的比特币持有者（他们在段子中也被称作Hodler）避开了传统的金融市场，将自己的理财产品交易建立在杠杆及中心化的基础上进行。然而，随着时间推移，传统投资者终于发现，比特币也具备抵制审查和独立于央行之外的性质，这与旁观者对密码朋克及加密无政府主义者的看法不谋而合。很明显，这些新型货币正在刺激投资者对传统理财产品的需求，这些产品在大宗商品和证券市场中已经存在多时。

期货不过是对某样物品在未来某个预定时间点的价格下注而已。举个例子，假设比特币当前的单价为8 000美元，但爱丽丝认为到当月月底，它的单价将涨到10 000美元，那么她可以签订一份允许她多头买入比特币的期货合约。期货合约通常还允许杠杆操作，这意味着即使爱丽丝只有10 000美元，她仍然可以下注20 000美元。在这个例子中，如果比特币的价格在当月月底降到7 000美元，那么爱丽丝就输了，然后她必须支付2 000美元（比特币单价乘以她所选择的杠杆倍数的差额）。杠杆率是期货等金融产品具有高风险的因素之一。当然，期货投资还是极具吸引力的，因为只需要投入仅占投资额百分之十的资金，就有可能赢得10倍的回报。不过在比特币市场这样既动荡不安又缺乏流动性的市场，赔钱的概率还是挺大的，而大型利益相关方（俗称"巨鲸"）所受的影响可能不过尔尔，不会有太大的波动。

在数月的传言纷纷之后，芝加哥商品交易所（CME）于2017年12月推出了首个受监管的比特币期货产品，第一次将基于比特币的交易产品带到主流大众面前。该比特币第一年的交易情况如图10-1所示。然而，我们必须强调，这些期货使用现金、而不是加密货币来结算。另外还请注意：尽管业界大肆炒作人们对此具有被压抑的需求，也极力鼓吹这将导致比特币价格飞涨，但投资者对比特币期货展现出低于预期的需求。比特币非但没有一飞冲天，反而很快进入熊市。

无论这两种事实是否以某种方式相关联，但很明显，这至少是美国证交会最终允许比特币期货发行的部分原因。美国商品期货交易委员会的前主席克里斯托弗·詹卡洛（Christopher Giancarlo）公开表示，已经有人开始担忧，如果没有针对交易者的监管措施，就很容易出现沽空比特币的情况，这样一来，比特币的价格将会继续以不

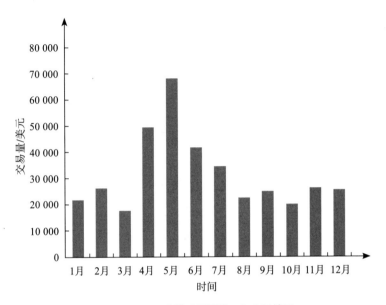

图10-1　CME比特币期货第一年交易情况

稳定的趋势上涨。他提道："我与财政部长史蒂文·姆努钦（Steven
Mnuchin）及国家经济委员会主任盖里加里·科恩（Gary Cohn）。
进行了沟通。我们认为，如果比特币期货向前发展，它将确保机构资
金能为现金市场价值带来更多稳定性[1]。"

　　18个月后，比特币期货再次成为交易者讨论的热门话题，这次
的关注焦点是Bakkt了。CME期货与Bakkt期货有一个显著的区别：
后者是以比特币而非现金结算的。这让比特币爱好者再次认为，监
管机构对新产品的"放行"势必会推高比特币的价格。Bakkt期货在
2019年9月推出之前的数月内，比特币的价格一直在窄幅波动；不过

在该期货发布之后，投资者所展现的需求仍然很低，并没有实现预期收益。

10.2　比特币交易型开放式指数基金

ETF是一种投资工具，投资者可以从资产交易中获益，无须直接购入或出售。ETF包含多种不同的资产，例如股票或债券，甚至是多种资产的混合。举例说明，假如你认为医疗健康行业的股票可能有所增长，但又觉得自己对特定公司了解不足，因此无法将资金投入某只股票，那么医疗保健类ETF就可以帮助你分担风险。有些ETF可以持续追踪某种特定的资产——例如，虽然想持有黄金和白银的投资者并不多，但黄金ETF能确保持有黄金ETF的投资者在黄金价格上涨时可以像实物黄金的投资者那样获益。

比特币或其他加密货币的持有有一套必备的安全程序，虽然我坚信任何人都能学会它，但不少投资者自认为没有时间或专业知识去进行尝试。又或者，他们可能只是想要一种流动性极强、可以通过现有交易所和交易软件在网上轻松交易的资产。虽然目前还没有公司发行比特币ETF，但即使是受监管的比特币ETF，也拥有被压制多时的巨大需求；尤其在美国，投资界已经做了多次努力，希望美国证交会能批准比特币ETF的发行。到目前为止，所有提议都被否决或搁置，理由是比特币市场仍然过于动荡，容易受到市场操纵的影响。但大多数人还是认为，比特币ETF将在某个时刻被许可发行。

还有一种比较务实观点——鉴于美国投资者现有的投资需求，从长远来看，比起将他们推向监管较松的离岸基金，允许他们投资得到妥善监管的比特币ETF更加安全。比特币ETF的支持者还宣称，尽管有人对比特币的价格提出操纵质疑，但美国证交会此前也批准过在现货市场中同样不透明的大宗商品ETF。

尽管投资者仍然对受监管的比特币ETF翘首以盼，但至少已经出现一种类似的产品——Bitcoin Tracker One[①]的比特币ETN（又称为比特币交易所交易票据），它自2015年开始在斯德哥尔摩纳斯达克交易。虽然该产品最初仅以瑞典克朗计价，但从2018年开始，它也可以用美元计价了。与此同时，全球还有少数几个区块链ETF可供选择，投资者可以投资那些主打区块链和加密货币的公司，这些公司包括加密货币友好型支付运营商、挖矿芯片制造商和CME等。

10.3　证券型通证

我们在第八章中谈到了证券型通证。证券型通证发行不仅是公司

---

① 意为"比特币追踪者一号"。——译者注

筹集资金的一种无摩擦且透明的全新方式，而且也是这些公司构建安全价值链（从发行到托管）的一种全新途径。希望通过发行证券型通证来获得融资的实体需要满足各种监管要求，违反这些要求将被处以巨额罚款。而正如我们前面提到的，拥有正确的通证经济学是至关重要的，而且这对于业界来说也大有裨益，这不仅体现在低成本的自动发行上，还可以为通证的发行或交易（由智能合约管理）设置特定的条件。

在ICO的热潮期间，通过ICO筹集资金的初创公司热衷于用代金券一类的物品来表示其所发行的通证，支持以预付款的形式来储存某项服务的未来价值，此处的服务通常指个人在公有区块链上创建及支付交易的能力。例如你购买了唯链（VEChain）或万维链（WanChain）（分别简称为VET和WAN）的通证，那么你可以用这些通证来购买在对应区块链网络上执行的智能合约。从某种意义上来说，这就像在亚马逊网络服务、微软云、谷歌云等云服务购买预付费的API密钥一样，通证持有者由此获得某个区块链网络的算力，而该持有者可能在这个网络上构建了去中心化应用程序。不幸的是，在ICO的繁荣时期，很多此类通证的价格涨幅远远超过了用于维系去中心化应用程序的水平，因此在投资者眼中，作为加密货币交易所的可交易通证的次要功能变成了主要功能。许多在2016—2017年"进场"的加密货币交易者都比较缺乏经验，他们可能没发现，甚至可能不关心自己刚刚购买的通证根本没有赋予他们任何权利，该通证只是给出了一个模糊的承诺——持币者能够在一个根本不存在的区块链上执行一些未指明的交易。此外，如果这个通证在加密货币交易所中的名义价值不再继续上涨，那么这些通证持有者将一无所获。

证券型通证的诞生给加密资产领域注入理智和秩序，即使公司创建它的最初原因是担忧发行雾件（雾件指没有价值或用途的软件）而被监管机构定罪。尽管功能型通证无疑是诸多革新型商业模式的关键部件，但它们可能不是初创公司早期融资的最佳选择。另外，投资者可以通过购买通证来买入发行公司的股份，这和买入股票一样，所以证券型通证也会像传统证券一样受到监管。这种操作可能会带来或积极或消极的副作用。例如，在美国，通常只有合格投资者才能购买证券型通证，合格的条件非常复杂，比如投资者必须至少拥有20万美元的资产（不包括房地产）。

与传统证券相比，证券型通证的先进之处在于它可以编程。换而言之，在证券型通证的情况中，可能用自动程序来完成贷款偿还、股票转手或为设置转换日期，而不需要人工操作。此外，传统证券往往在某个国家的某个交易所上市，而证券型通证在这一点上具有巨大的优势，发行该通证以寻求融资的公司可以获得一个庞大的资金池，坐拥全球范围的流动资金。

10.4 房地产通证

可以发行通证的可不仅仅是公司。在前面的章节中，我们谈到发行通证的新型商业模式不仅可以提高现有市场的效率，而且能创造出全新的市场。

以房地产行业为例。目前有很多公司（例如德国的BrickBlock和Exporo，以及英国的Alliance Investments）允许多人共同持有一套房产，并向这些持有人提供一个可用作交易的资产。传统的房地产市场缺乏流动性，业主必须对一个实体资产负责，而这个资产的价值可能与其地理位置紧密相关，因此有时很难转售。当然，即使在不使用区块链技术的情况下，业主也可以通过控股公司来分割房地产的所有权。但是这种投资结构可能会涉及高昂的法律费用，投资门槛通常很高，而且利益相关者出售所持股份往往并不容易。

通证化的房地产可以被分割成无数个非常小的份额。由于这些通证可以进行交易，它们为市场带来了流动性，使原本被排除在市场之外的投资者能够投资价格不断上涨的房地产，同时也提供了一种机制，投资者可以做空那些目前还不存在的房地产资产。

对商业地产进行通证化处理

Exporo是一家提供房地产通证化业务的德国公司，它允许公司或个人在商业房地产风险公司上（比如德国汉堡市的医疗中心）进行不同程度的投资。虽然该公司自2014年以来一直从事数字化房地产众筹项目，但直至2019年，它才在以太坊区块链上首次发行通证化债券，并允许股东在Exporo上交易通证。

这种众筹方式起源于德国或许并不令人讶异，很早以前，德国就开始实行小型共同自建房（Bauengruppe）这种房地产开发模式。不过，由于投入很少的资本就能在商业地产上获取很大的潜在回报，房地产通证因而成为令人信服的构思，这必将在全球范围内都具有不错的增长潜力。

10.5　把自己也变成一种通证

如果一座房子可以通证化，那么住在里面的人呢？我们已经了解到某些通证如何把人们的注意力转化成货币来使用（例如The Brave Browser上的Basic Attention Token），而且我们还观察到另一种端倪——人们开始尝试把自己及自身未来的生产力变成通证。

美国篮球运动员斯宾塞·丁维迪（Spencer Dinwiddie）不顾美国篮球协会的反对，在2020年1月发行了预测其未来表现的债券，这不仅让他本人成了体育新闻头条，还被加密货币及金融媒体争相报道。丁维迪通过一个名为Dream Fan Shares的平台，在以太坊区块链上向美国的合格投资者发布了90枚SD8（其姓名首字母和球衣号码）通证，一枚SD8通证最初的价值为15万美元，发行后有一年的交易锁定期。

丁维迪表示，其他运动员对他的做法表现出跃跃欲试的反应，而且他本人也获得了加密货币行业的高度认同。他在接受《福布斯》杂志采访时[2]说道："我的做法收获的已经不仅仅是认同，而是浓厚的兴趣了。很多人都想参与其中，这不仅仅是因为我发行的理财产品很酷炫，而且这也是一种超前的商业模式，他们正在考虑把这类资产做成一个独立的市场。"

普通人对名人的做法往往趋之若鹜。有人开始讨论将才华通证化平台的可能性，投资者可以在这个平台上购买相应通证，通证化的对象是那些经济贫困但才华横溢的个人——这些人在需要学费，而投资者使用通证来换取他们未来收入的一部分。换句话说，这是一种新型的契约奴役制。

10.6　预测市场

公有区块链的智能合约如果能搭配用户界面和足够的流动性，就能让普通人自行创建和配置博彩市场。这种市场不仅可以作为一种娱乐形式，还可以作为一种信息来源，我们将其称为"预测市场"

（prediction market）。

詹姆斯·索诺维尔基（James Surowiecki）的《群体智慧》（*The Wisdom of Crowds*）一书是一部影响深远的著作。作者在书中提到，假如你想要知道某个特定结果的可能性，那么比起只询问一两个人，询问足够多的人会得到更准确的结果。即使这一两个人恰好是所在领域的专家，实际情况往往仍是如此。他在书中还简明扼要地表示："你也可以说，我们好像被编程设定成拥有集体智慧的人。"[3]并且，只要你让他们用钱来证明自己的预测是对的，用冰冷的现金来预测事情发生的概率，那他们的预测准确率还会进一步提高。因此比起权威人士的观点或民意调查，下注的方法似乎可以更好地预测政治选举结果。因此，提供一个允许人们自建预测市场的平台并将市场中有价值的信息变成货币，这是一个十分吸引人的想法。

10.7　去中心化交易所与去中心化金融运动

本章提到的所有通证产品都有一个共同点——虽然它们可以在去中心化区块链网络上发行，或者（如果是比特币期货或比特币ETF）本身是去中心化产品，但它们通常由中心化实体买入和卖出。换句话说，这些理财产品由公司统一发行或在交易所集中进行交易。譬如，在交易所中，管理它的个人或公司集中控制包含交易数据的云计算账户及存有通证的钱包。以币安网为例（如果以交易量为衡量指标，币安网自2018年起成为全球最大的加密货币交易所），虽然币安网交易的是去中心化产品，但在交易期间，通证本身由该网站保管。币安网的交易者可能会看到自己的交易所钱包余额出现变动，但这些纯粹是内部交易，不会反映为加密货币在区块链上移动。在这些交易进行时，通证始终处于交易所的控制之下。

当然，加密货币还有一个很大的问题：交易所时常遭到黑客攻击，交易者因此而蒙受资金损失，这十分令人沮丧。虽然人们反复引用"不掌握私钥，就不是你的币"这句口号，但除了那些想要长期持有比特币的用户之外，很多人应该都有交易比特币的意愿。这就意味着他们需要交易所的服务，并且必须相信，交易所也有意愿和能力保护他们的加密货币，而且交易所对加密货币的态度跟他们一样谨慎小心。但事实上，就连币安网这种大型交易所也难免遭遇黑客攻击。2019年5月，一名黑客通过一次交易在币安网上盗走了7 000枚比特币，这些比特币当时的价值高达4 000万美元。虽然币安网交易所有足够的资金补偿那些丢失比特币的用户，但这也给了世人一个警醒——资源最好的交易所的安保也可能很脆弱。

那么，如果你不信任其他人的安保措施，但仍然想进行加密货币交易，又该怎么办？又或者，如果你想避免交易账户绑定你在真实世界中的身份，从而实现真正的防审查交易，那么作何选择呢？第二种情况并不意味着你的目的就是洗钱或逃税。人们不一定想让别人知道自己拥有多少比特币，其中一个原因是防止自己被勒索犯或暴力的窃贼盯上。由于比特币的价格波动很大，许多比特币用户的态度都非常乐观，他们认为有一天比特币的价格会涨到现在的10倍甚至100倍。因此，大多数人都意识到有必要隐藏他们目前持有的比特币数量。交易者想要获得身份匿名的目的并不仅仅是防盗。2019年10月，由于一个令人震惊的安全漏洞，BitMEX[①]平台泄露了数千名账户持有者的姓名。黑客使用"抄送"而非"密件抄送"的字段，向这几千名用户发送了广告邮件[4]，该平台也因此遭到了用户的抨击和质疑。黑客很快在网络上将这些细节公之于众。结果，不单单是税务部门，就连隐藏的犯罪分子都能从这些邮箱地址中了解比特币的持有人信息。

去中心化交易所旨在解决上述诸多问题，即当两个人想要交易通证或其他加密资产时，不需要第三方个人或实体充当中间人，允许他们在不使用KYC协议的情况下进行交易。正如比特币是一种点对点的电子现金系统，去中心化交易所同样要求用户对自己的私钥负责，否则可能会有所损失。去中心化交易所帮助交易双方匹配买卖订单，而在交易全程中，买卖双方各自控制自己的钱包。如果用户丢失了币

---

① 比特币交易平台。——译者注

安网的登录密码，可以要求去中心化交易所重置密码，由此可以继续使用自己所持有的加密货币；但如果用户在中心化交易所内遗失了钱包凭据，那么将失去其加密货币。虽然许多机构都声称自己是一个去中心化组织，但是否属实就因个体而异了。加密货币和数字技术独立顾问科林·普拉特（Colin Platt）将去中心化交易所比作一个去中心化剧场："人们投入大笔费用，试图让它看起来像是个去中心化的交易所，但实际上，四五只'猴子'在幕后操纵了这一切。"去中心化不仅在法律上是个例外，在哲学上也有着特别的含义。

虽然去中心化交易所肯定会越来越受欢迎，但它们在取代中心化交易所上尚未取得重大进展。著名的去中心化交易所包括Uniswap、Shapeshift、Changelly、Bancor和以德（Etherdelta）。然而，在这样的交易所中，虽然交易者之间的互动可能完全以点对点的形式来进行，但服务本身必须在其他地方进行，而且各国的监管部门也一直在对去中心化交易所提出遵守当地法规的要求。

同样值得注意的是，这些去中心化交易所大多只提供发生在加密货币之间的交易。因此，迄今为止，除了最坚定的投资者以外，很多人还是因为缺乏法定货币的支撑，而对进一步的交易望而却步。在图10-2中，我们可以看到部分最流行的去中心化交易所与中心化交易所的交易量差距。

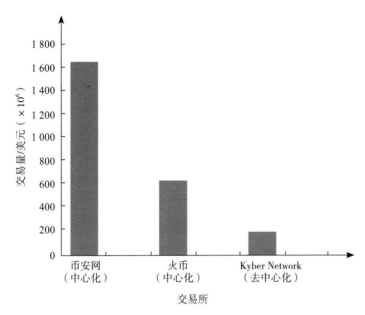

图10-2 去中心化交易所和中心化交易所的交易量对比

注：数据为Coinmarketcap.com在2020年1月的交易量。

许多人相信情况会发生改变，尤其是因为去中心化交易所是构成去中心化金融的关键部分。尽管去中心化金融有可能沦为一个被过度炒作并时常被错误使用的流行术语，但它仍然为金融行业描摹了一幅令人兴奋的蓝图。支持DeFi的人认为，其生态系统除了提供开放式金融（将传统银行和机构的服务分开，允许富有挑战精神的新型银行及金融科技初创公司向消费者提供新的服务）之外，还能让普通人获得一系列金融产品和更多投资可能性。

Outlier Ventures公司在题为《什么是去中心化金融？》（*What*

is decentralized finance or DeFi?）的论文中将它描述为"点对点电子金融工具体系"[5]，并列出了一张可以帮助我们分辨某个产品或平台是否属于DeFi的列表，其中包含DeFi必备的五大属性：能够抵御审查、拥有可编程资产、用户可以使用假名、完全透明、无须信任及许可。该论文还进一步给出定义——人们可以将去中心化金融的软件定义为一个可以抵制审查并且完全透明的工具。在几乎没有任何要求的无许可环境中，人们可以实现可替代或不可替代通证化资产的转让、托管和交换身份验证。

巴尼·曼纳林斯（Barney Mannerings）是Vega Protocol的创始人，这家公司提供软件基础设施，允许各方在完全去中心化的网络上创建交易衍生品。他是这样言简意赅地定义去中心化金融的，"……创建或重建现有金融系统的一部分，开发或重新打造当前的理财产品和服务，并且很可能创造出基于去中心化技术的全新产品及服务……（它是）一个平行的金融体系"。

我们已经介绍完了相关背景，但去中心化金融在实际应用中意味着什么呢？让我们回顾一下2019年最著名的去中心化金融产品，即MakerDAO及其用以太坊区块链智能合约形式发行的债务抵押头寸（CDP）。这种产品的受欢迎程度是毋庸置疑的——到2019年年底，约2 000个CDP锁仓了高达50万枚以太币。那么，这些去中心化金融产品最大的魅力是什么？为什么人们对这个工具如此感兴趣呢？在之前的章节中，我们介绍了稳定币，也介绍了Dai币和Sai币这两种去中心化且不受审查的加密货币，而且与比特币和以太币相比，它们的波动性要低得多。不过，创建Sai币比简单地生产稳定币更具优势。有时人们会疑惑：为什么有人在以Sai币或Dai币来贷款的情况下，又要将等量的以太币或其他通证锁仓以作支撑呢？为什么一个已经拥有一定价值加密货币的人还要锁仓这些价值才能贷款呢？他们为何不干脆把以太币给卖了？

用日常生活中的例子来回答这些问题可能更便于大家理解。这就好比你对住房进行二次抵押，或者将手表抵押在典当行，为你的以太币提供抵押等于你实际上在为以太币或Sai币将会升值下注。假设你将创建好的Sai币用作抵押，然后使用杠杆在交易所中购入以太币头寸，那么你可能会收获价值多倍于抵押物的利益。即使你为创建Sai币支付了1%的服务费，但与收益相比，这个投入算是很小的。Dai币如今又有了新的变种，它允许创建者锁仓其他种类的通证，可供选择的抵押物不仅仅是以太币，进一步加强了以上特性。又或者，你还可以利用Dai币的内置算法（该算法负责调节Dai币兑美元的汇率，以保持价格的稳定），选择自行交易Dai币。

科林·普拉特（Colin Platt）从时间推移的层面上介绍了价值的转移，而不是简单地从空间角度来讨论这一点：

金融的两大功能是分别从时间和空间上转移资金，而在第一个发展阶段中，加密货币技术所做的事情实际上是把物品从一个地方转移到另一个地方——把钱从一个账户转移到另一个账户。这个操作很棒，很有用处。

但这远比我们对金融业的期待要限制得多，我们希望金融行业能让资金跨时间流动，比如，可以通过支付利息，将还没赚到的钱挪到今天来使用。然后我们会发现其中还具有很多二级风险和三级风险，需要监控信用风险等诸多方面。去中心化金融的关键之处在于第二点，即时间维度，我认为这是一个非常有力的概念。

虽然普拉特对去中心化金融抱有热忱，但他也警告称，它的创新之处可能会成为弱点：

如果我有一些以太币，那么在短短的30秒内，我可以登录一个此前从未浏览过的网站，用这些以太币进行投资，然后赚取一些利息，这让我倍感欣喜。其中最令人兴奋的是这一切发生的速度。虽然目前已经出现了表现卓越的金融科技创新，但即使在拥有十分先进的金融科技市场的英国，投资者仍然不可能在30秒内完成上述过程。

不过，我们也发现去中心化金融有个问题——由于去中心化金融基于的是无须许可的区块链，没有人可以真正了解风险，甚至连创造者也对此知之甚少，很多情况下，即使是技术很好的专家也无法做到……这背后有很多风险，有时他也没办法以一种大家都能理解的方式告之所意识的风险。

速度和创新是去中心化金融的两大标志。比起"去中心化金融"这个特定术语，曼纳林斯更喜欢用"平行的金融系统"这个表述。不过，他还是更热衷于让个人自由创造及发行自己的金融工具。在他看来，Vega Protocol[①]等协议将实现"消除摩擦，降低费用，更重要的是，这样的协议能让创新性构思在银行业之外蓬勃发展，把人才从银行业中解放出来，让他们在没有限制的情况下实现自己的构想。"

曼纳林斯将愿景建立在一个公平竞争的环境之中。按照他的构想，所有人都可以在这个环境中打造自己的金融产品，既没有牟取暴利的奸商，目前把关资本市场的特权机构也不会对此进行干预。Vega Protocol和其他去中心化金融的引领者设想出一个框架，所有人可以在其中创建及定制金融产品，每个人都能自由搭建新型的金融工具及市场。为打造市场及发起创新的人提供激励是去中心化金融的一个关键部分，这样的激励旨在奖励优秀聪明的人，并不会仅面向少数享有特权的群体。

---

① Vega Protocol, 基于Web 3的衍生品协议。——译者注

那么去中心化金融行业具有怎样的增长潜能呢？是否真的有足够多的人希望加入这个有时令人费解的市场呢？曼纳林斯对此持乐观的态度，他表示，一旦消费者意识到去中心化金融能提供怎样的服务，就会推动对它的需求，这和互联网所经历过的巨大增长并无二致：

在未来，普通人、企业家、公司及商人可能会脱离现有的金融体系，开始使用去中心化金融，到时的世界将变得妙趣横生。

打个比方：在互联网和电子邮件兴起后，我越来越不愿意与那些坚持通过邮政体系而非电子邮件沟通的公司打交道，现在也没人敢成立那样的公司。在我看来，我们最终会对去中心化金融及这个平行的金融系统抱有同样的态度，因为很显然，它的功能更强大，速度更迅捷，费用也更低廉，这会让人们心生向往。

正如你不会开设一个没有互相连接（连接互联网）的银行账户，到了最后，除非公司能提供基于区块链的资产，否则它没办法寻求融资，所有这些变化都会随着时间的推移而发生。这就意味着，部分传统的监管方式和传统的行事模式将不得不做出改变，因为它们到时将不再发挥作用。虽然如此，对新旧规则及模式进行组合和互联将会带来巨大的帮助。

毫无疑问，科技创新会催生更多激动人心的全新构想，但让这些构想适应现有的法律框架将会是个挑战。很大程度上，技术的飞速发展让政府和监管机构束手无策，各国的应对措施也各不相同。一方面，各国政府希望合力打击不良行为及犯罪行为；另一方面，他们又必须相互竞争，在吸引更多外来投资的前提下，保护科技创新不被扼杀。这些压力不断积聚，接近顶峰。在下一章中，我们将探讨去中心化金融所面临的监管挑战，并分析各国政府应对这个问题的解决方案。

参考文献

[1]Dale B. Trump administration popped 2017 Bitcoin bubble, ex-CFTC Chairsays[EB]. CoinDesk,2019-10-22.

[2]Sprung S. Spencer Dinwiddie discusses digital tokenization plan, happening against the NBA's wishes[J], Forbes, 2019-10-17.

[3]Surowiecki J. The Wisdom of Crowds[M]. Doubleday Books，2004-11.

[4]Parkin D. Bitcoin: BitMEX just accidentally leaked THOUSANDS of private email addresses[N]. Daily Express, 2019-11-01.

[5]John J, Lundy-Bryan L. What is decentralized finance or DeFi?[R] Outlier Ventures, 2019-06.

第十一章

监管措施

正如互联网在某种意义上可以让信息在全世界自由传播一样，比特币的诞生意味着价值可以像电子邮件或网页一般轻松地在全球各地进行传播。当人们在讨论比特币是一种能防审查的货币时，他们其实指的就是这个。比特币就是这样一种货币——没有中央服务器可关闭，没有场所可供监察人员突击，也没有人可以下达禁止流动的指令。如果你拥有一个比特币钱包，头脑中有一条能让你还原该钱包的12位助记短语，那就不需要任何实物证据来证明你有访问该钱包的权限，因此，政府也很难找出是谁控制了什么资产。国家机关对无法控制的情况深恶痛绝，这背后有诸多原因：不仅资产的所有者可能无须为此缴纳税款，消费者保护法也可能受到公然藐视；还有一种最坏的情况——资本很容易在政府不知情或未经许可的情况下在国与国之间流转，这不仅是负责打击偷税漏税、洗钱及恐怖主义的监管部门的噩梦，而且也对各国政府在财政及货币管制方面的权威发起了挑战。

许多围绕比特币的负面宣传都源自人们用它来进行非法活动，但这种说法具有一定的漏洞。Looking Glass Labs公司的常务董事蒂娜·贝克·泰勒（Teana Baker Taylor）是一位加密资产政策及监管事务方面的专家，她曾解释道：

没错，人们可以使用比特币购买毒品，但人们也在使用美元购买毒品。世界上每一个街道都有银行提款机，你可以在那里使用银行卡提取现金，然后用这些现金去购买毒品；但如果你是个毒贩，并且使用比特币来进行交易，那你肯定会被抓住。比起追查现金的使用路径，通过区块链分析和交易监控来追踪比特币的流向要更容易。不少政策制定者还没完全理解有关部门既可以审计公有区块链，也可以追踪和监控加密货币的钱包地址。因此，这是一个需要逐渐学习的过程，必须由整个行业来引领和促进这场转变。

当然，政府监管数字货币的目的并不局限于限制非法资金的流动。

各国政府推行相关法律并要求公司及个人来遵守，通常出于以下3个主要目的来管制本国的资金流动：①确保资本具有合法来源，而非来自武器或毒品销售等非法活动；②确保金融交易的透明，杜绝逃税行为；③大多数政府认为自己有责任为消费者提供保护。为了实现最后目的，政府既要允许人们做出自己的财务决策，又要保护那些还不够成熟的、给诈骗犯献上诱饵的投资者，在两者之间取得平衡是最困难的部分。

2016—2017年那阵未受监管的ICO热潮表明，人们很容易说服自己：即使对某家公司一无所知，这家公司的商业模式也未经证实，它也有可能给自己带来数倍于投资本金的收益。在众多加密货币公司之中，虽然有一些彻头彻尾的骗子，但也有不少真正存在风险的公司，它们的创始人只是缺乏经验或不够成熟。又或者在某些情况下，如图11-1所示，通证的发行公司都是真实存在的公司，在投资者疯狂的投机推动下，这些通证的价格节节攀升。

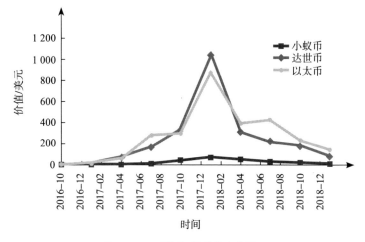

图11-1　几种通证的价值变化情况

过去几年，在被蓄意发起的诸多骗局之中，有一个尤为突出：OneCoin充其量只是一个宣称让投资者一夜暴富的传销骗局，却以真正的加密货币为幌子进行发行。自称"加密货币女王"的鲁贾·伊格纳托娃（Ruja Ignatova）博士表示，尽管OneCoin只是存储在传统的数据库的条目，并非记录在区块链或分布式账本中，但它堪称"比特币杀手"，能够取代后者的地位。而后，OneCoin的价值从每枚几美分飙升至数百美元，并通过多层次信息网络营销计划在世界范围内得到大力推广。OneCoin承诺，投资者有朝一日可以用这种价格飞涨的货币兑换欧元、英镑或美元，许多人（包括生活在最贫穷的国家的居民）相信了这一承诺，赔上了毕生积蓄。此后，这些投资者还受到了刑事调查，被弄得心烦意乱，OneCoin也因此倒闭。在OneCoin诈骗案中，投资者共计损失10亿美元，杰米·巴特利特（Jamie Bartlett）还把这个案件作为自己BBC播客系列节目中的精彩话题[1]。令人遗憾的是，这起事件肯定不是最后一个同类型诈骗案件。

事实上，近几十年来还发生过一起被称作"锅炉房"的诈骗案，这表明，此类诈骗公司已经不仅局限于加密货币的领域。2018年，一家法院审理了针对迈克尔·纳西门托（Michael Nascimento）的案件。在该案件中，纳西门托成立了一个推销虚假房地产投资项目的电话呼叫中心，170名小额投资者因此蒙受损失，其诈骗总额达到280万美元[2]。由于合法的投资项目具有较低的投资回报率，且政府往往通过促进民众加大支出而非鼓励储蓄来人为地达到刺激经济增长的目的，因此无论诈骗犯来自去中心化的金融领域，还是传统的金融领域，普通投资者都很容易落入其圈套中。

在保护公众权益方面，政府承受着进退两难的压力。如果政府垂拱而治，人们会抱怨他们纵容罪犯逍遥法外；如果政府实行严格的限制措施，则可能会适得其反。如果政府只允许通过筛选的投资者购买投资回报率很高的产品（政府认为这些投资者足够成熟和睿智，具有评估风险的能力），这会驱使那些不属于该群体的投资者通过处于灰色地带的项目来谋求高回报。这不仅会带来意想不到的后果，而且在一个国家希望促进技术创新，以便在全球舞台上获得更多资源及人才的世界里，这种人为限制资本流动的做法可能会适得其反。更重要的是公司需要明确的法律约束。如果你无法确定政府明年不会宣布所从事的是非法业务，也不能确保到时不需要为了迎合新的法律而斥巨资重新编写软件，或者将来会因为此刻算不上违法的行为惨遭定罪，那么你很难下定决心成立一家公司，并积累客户和雇佣员工。

2019年，美国证交会宣布考虑全面修订合格投资者的标准。美国证交会的主席杰伊·克莱顿（Jay Clayton）表示："证交会目前采用简单的二分法来评估个人合格投资者的资质，即只根据个人的收入或净资产来判断此人是否具备投资的资格。这个方法老早就该更新成现代的版本了。基于现有的、已明确的财务成熟度衡量标准，该提案将会增加额外的考核手段来审核个人进入私人资本市场的资质。"[3]

这个提案看起来是一项明智的举措，其原因不止一个。ICO的热潮表明人们对于高风险高回报投资的需求长久以来受到了压抑（在千禧一代和Z世代中尤其如此）；而且，如果我们分析民营科技公司股票的早期回报率与拥有标准普尔指数为500的广大民众能够投资的股票回报率之间的差距，就可以发现人们对现状越来越失望的原因。被排除在这些投资机会之外的人们并不感激政府费尽心思保护他们的行为，相反，他们觉得投资高回报率的机会都被留给精英阶层。

此外，美国对合格投资者的分类方式还比较落后，参考的指标仍然是投资者的经济实力，而非他们的聪明才智。理论上，这意味着一个年仅19岁且没有金融经验的家族财产继承人将被判定为"老练的"投资者，而一个净值尚未达到标准、但对投资产品有广泛了解的专业经纪人则不符合投资标准。根据美国证交会的一项新提议，它"将增加新的自然人类别，通过考察投资者的专业知识、投资经验和资质证书来判定其是否具备合格投资者的资格，是否可以参与公开募股"[3]。

11.1 美国国会与脸书公司的对决

对于非国家机构发行的数字货币或其他货币的快速发展创新，政府可能持有对立的观点。如果说有一个事件可以展示这种困惑，那就当属美国国会的一位众议员对脸书公司的创始人马克·扎克伯格（Mark Zuckerberg）充满敌意的质询了。2019年10月23日，扎克伯格被要求出席关于脸书公司的天秤币项目的听证会。我对此有一个发自内心的苦恼，许多政府官员似乎对科技知之甚少，或者说，他们对科技的兴趣不高。指望立法者和程序员一样精通相关技术似乎并不合理，但鉴于数字世界与我们的物质世界已然密不可分，立法者应该对此多些了解，而不是反复证明一句格言——人们往往对自己不甚了解的东西会感到恐惧。

值得注意的是，与许多促使党派人士按照党派方针作出反应的问题不同，政府对数字货币和科技公司参与传统上被视为"政府事务"的事情均持有十分强烈的观点，这些看法在美国的各种政治思维上体现得淋漓尽致。

一些政客打算赞成这种观点：让政府决定应该给私营公司的创新亮绿灯，还是让美国堕入一个科技落后的未来——这是一个艰难的决定。持这一观点的政客包括身居美国证交会高位的帕特里克·麦克亨利（Patrick McHenry），他是一个共和党党派人士，也是一名来自北卡罗来纳州的众议员。他警告说："美国的创新之路今天受到了试炼"[4]。

麦克亨利表示："我对脸书公司的天秤币项目心存疑虑，还很担忧大型科技公司的缺点，它们有很多缺陷。但要问历史给予了我们什么教训，那就是美国政府应该站在本国的创新、竞争及最重要的——为所有人创造更美好的未来。"[4]

扎克伯格当时面对的是一个充满敌意的委员会，因此，即使是脸书公司最顽固的批评者也会对他表现出一些同情，其观点听起来十分合理：

如果不进行创新，那么美国在全球金融界的领导地位就得不到保证……

这场听证会不仅没能将焦点放在天秤币项目本身，反而激起了关于脸书公司的政治、言论监管及公司在社会中所扮演的角色的讨论，也暴露出形形色色的政客对他们无法控制的新技术所产生的不安。扎克伯格曾在某个时刻暗示，或许脸书公司并不是天秤币项目通证的理想发布者，但现实是，无论是谁在国会提出私人货币的发行计划，都可能会受到同等程度的质疑。

布拉德·谢尔曼（Brad Sherman）被任命为美国众议院金融服务委员会下属小组委员会的新主席，这也许是一个监管收紧的迹象。布拉德·谢尔曼（Brad Sherman）表示，天秤币项目对美国的伤害可能比"9·11"恐怖袭击还要大[5]。

11.2 欧洲遭遇的挑战

当然，美国在处理加密货币问题上的做法绝非独树一帜。多个大国被迫（尽管在某些情况下并不情愿）发布了一份界定加密货币类别的声明，这不仅是为了保护投资者，也是为了确保合适的税率得到应用。无论把加密货币归类为货币、资产还是商品，都可能对税收产生巨大影响。加密货币的投资者在决定公司所在地时，会像研究监管套利一样，谨慎地研究此类税收的套利机会。不同国家对加密货币资产的税收政策见表11-1。

表11-1　不同国家对加密货币的税收政策

国家	税收政策
以色列	作为资产来征税
保加利亚	作为金融资产来征税
瑞士	作为外国货币来征税
阿根廷	征收个人所得税
西班牙	征收个人所得税
丹麦	征收个人所得税并扣除损失
英国	公司缴纳公司税，非公司缴纳个人所得税，个人缴纳资本利得税

数据来源：美国国会图书馆[6]。

　　表11-1只是事情快速变化的一个缩影。人们对新技术和社会变革的态度瞬息而变，有时只需要一个有影响力的人发表自己的观点，公众的观点就会发生戏剧性的转变。欧洲央行在数字货币问题上立场的转变就是一个绝佳的例子。卸任的欧洲央行行长马里奥·德拉吉（Mario Draghi）曾公开批评加密货币，并谴责它"不是真正的货币"。他还补充说："欧元就是欧元，不管是今天、明天还是一个月之后，它永远都是欧元，而且欧元背后有欧洲央行的支持。那么谁来给加密货币提供支持呢？可见这是一种非常非常高风险的资产。"[7]

相比之下，他的继任者克里斯蒂娜·拉加德（Christine Lagarde）表示，欧洲央行将以全新的开放的眼光来看待数字货币可能带来的益处。不过，这并不意味着过去曾公开批评比特币的拉加德就对它发生了180°的态度大转变。相反，她正在研究公司和银行发行的加密货币演变（如天秤币项目和摩根大通发行的通证），并设想它们将在一个受到高度监管的系统获得一席之地，而在这个系统中，也可能流通有政府发行的加密货币。拉加德时任国际货币基金组织总裁时，曾经详细介绍了国家发行数字货币的利弊[8]。但是，她同时对比特币等不受监管的加密货币提出了警告，认为政府不应允许它们"动摇这个体系"。

尽管加密货币领域的一部分人对拉加德的任命表示欢迎，认为她比德拉吉更乐于接受创新理念，但欧洲央行自身也有个特别的问题，即尽管它可以出台指令，甚至可能发展自己的加密货币，但欧元区的国家可以自由地出台自己的立法。例如，虽然许多欧洲加密货币和区块链初创公司都位于在柏林，但德国政府对此出台了新的立法，要求任何参与加密资产托管的公司必须持有德国联邦金融监管局（BaFin）颁发的银行牌照。如果你想了解更多关于BaFin对于虚拟货币的相关措施，请参见BaFin的官方网站[9]。

虽然这听起来毫无争议，许多公司都欢迎此类法律所带来的监管确定性，但它为数字钱包之间转账的功能型通证引入了潜在的复杂性，我们在前面曾经介绍过这种类型的通证。如果一家汽车制造商必须先申请银行牌照，才能在未来的物联网业务中实现交易通证的目的，那么这可能会降低公司创新的速度，并导致规模较小的公司转向法律环境更友好的管辖区。

相比之下，法国的金融市场管理局（Autorit e des March e s Financiers，AMF）于2019年12月提出了新的方案，为提供数字资产托管服务的公司制定了许可框架。新方案非常具体，除了要求公司提供诸如组织架构和打算持有的加密货币清单等特定的信息之外，还必须出具其商业计划（其中涉及譬如多重签名验证等标准的细则），并承诺在私钥丢失或滥用的情况下对客户进行赔偿。虽然该许可证不是强制性的，但法国政府规定，所有在本国境内运营的加密货币公司都必须在AMF进行注册，以防止洗钱行为的出现。

2019年12月，一家名为French ICO的公司宣布，它将利用这一"自愿型"银行牌照的规定在2020年注册进行ICO，这个举动是对法国政府新立法的早期测试[10]。

平时在法国办公的科林·普拉特（Colin Platt）则认为，法国政府与加密货币公司积极接触的意愿表明政府已经看到加密货币技术所带来的机遇，虽然这份热情不一定与目前金融公司的热情相匹配：

法国政府比法国银行更愿意向加密货币技术敞开怀抱。一部分是出于监管的原因，一部分则只是一般的商业考虑。但法国政府肯定窥见了一个机遇，并希望自身能在这个生态系统中发挥十分重要的作用，这是件好事。我不知道法国政府是否能做到这一点，但看到他们愿意做出尝试还是倍感欣喜。

作为欧盟两个最大的经济体，德国和法国的加密货币政策截然不同，这表明，即使两个国家使用同一种法定货币（欧元），他们在处理数字资产的方式上也可能存在显著的差异。虽然每个国家和地区的法律和文化都自成一家，但监管方法似乎只有两种——制定新的法规，或者在现有的法规基础上进行修改。后者的进程往往更快，因为修改现有法规或提供新的解读比制定新的法律和条例更加容易，人们对新事物达成共识的难度往往更大。

11.3　英国的监管措施

正如我们将在本章后面部分探讨的那样，那些将吸引加密货币公司作为明确目标的国家通常经济规模较小。而在更大规模的经济体中，英国一直对本书所述的新技术表现出谨慎的欢迎态度。伦敦的态度尤其如实，它的市长办公室向来对区块链会议及相关倡议表示支持。公司家海伦·迪士尼（Helen Disney）是Unblocked Events[①]公司的创始人，自2014年以来，她就区块链领域发表了不少独到的见解，对英国政府迄今为止的举措表示欢迎：

在我看来，创造适当的条件或制定游戏相关规则是政府的职责。因此，虽然我不一定希望英国政府运行自己的区块链，但他们有责任把英国打造成创新之国，让国民能够拥抱新思想，并创造新的就业机会。而私营公司的相关部门也将发挥重要的作用。我认为，英国政府能发出有关政策的明确信号——它呼吁区块链公司或其他掌握前沿技术的公司将英国选作公司所在地，包括可能在此展开针对公共领域的区块链项目。

其中一种构想是建立一个多学科论坛，这个论坛与其说是智囊团，倒不如说是实践团。英国政府可能会说："你们看看，这些就是我们认为亟待解决的问题。（加密货币）这项技术能做到吗？如果答案是肯定的，你能给我们几个例子来说明运作原理吗？"然后英国政府就能真正了解区块链技术，可能会采取公私合营公司、私营公司投标或其他可能的方案。

---

① 区块链技术与咨询提供商。——译者注

英国政府有意与公司展开合作，而非简单地站在高处对公司进行法规约束，我们可以从英国金融行为监管局针对金融业的监管沙盒①中看出这一点。英国金融服务管理局也提供了一个方案，允许一些特定的公司在他们的监管下发行创新型金融产品。这样一来，这些公司就能在监管部门的支持下尝试新的想法，无须担心因发行未经许可的证券而遭到起诉。英国金融服务管理局在其官网上介绍了这种措施的优势——"沙盒提供了获得监管知识的途径及一套方便的测试工具。这些工具包括授权限制、个人指引、非正式指导、弃权及无强制行动函。"[11]

577实验室的创始人理查德·克鲁克（Richard Crook）此前出任苏格兰皇家银行的创新工程部门主任，他同样认为英国监管机构的做法大体正确，在结算方面的措施更是如此：

监管机构对此非常在行。2008年，我们很快掌握了他们对整个系统的了解程度。他们可能对一些方面有些许了解，但肯定了解那些重要的方面……我们总是要求出台时间晚但更好的监管措施，这总要

---

① 监管沙盒是2015年11月，英国金融监管局率先提出的创新监管理念。监管沙盒作为一个受监督的安全测试区，通过设立限制性条件和制定风险管理措施，允许企业在真实的市场环境中，以真实的个人用户与企业用户为对象测试创新产品、服务和商业模式，有助于减少创新理念进入市场的时间与潜在成本，并降低监管的不确定性。—— 编者注

比出现较早但监管效果不佳更好，因此英国政府在这个方面确实持有这样的立场。

我们必须认识到，英格兰银行正在努力开发下一代实时全额结算系统，而且他们一直表示，在开发该系统的过程中，他们将引入基于区块链、分布式账本和通证的全新思维。这是我们的预测。

克鲁克的观点"迟到的好监管总比早来的坏监管要好"非常关键。我们已经多次看到，使操作环境变得艰难的原因在于法规的不确定性，而非来自法规本身。公司可能不确定当地的法规是否允许他们在一年后发行目前正在研发的金融产品，又或者担心供应商或银行对触犯法律的担忧可能会带来相关问题。只要这样的担忧得不到解决，那么公司就很难建设总部、招聘员工或制订未来的计划。

11.4　印度的措施

如果我们把英国的监管措施视作一种广泛有益的方法，虽然这可能尚未体现出一些去中心化技术支持者所期盼的自由程度，但还是展示了某种必然的结果。我们可以想象那些在特定司法管辖区的初创公司，这些法律法规可能十分友好，但也可能非常严苛，而且政策的风向可能会因为某位领导人的某一句话而发生改变。

2019年11月，几乎所有加密货币的观察者都注意到比特币价格的短暂飙升，其中，唯链和小蚁币的涨势强劲，24小时内的涨幅分别为10%和13%。

随着印度民众对加密货币兴趣的激增，2018年，作为印度中央银行的印度储备银行对加密货币开展了严厉打击，禁止银行向交易所等加密货币公司提供银行服务。2019年，由于客户再也无法使用法定货币来兑换加密货币，加密货币交易所开始源源不断地离开印度。事实上，一个政府小组随后于2019年7月发表了一份声明，给印度所有与比特币或其他加密货币相关的人增添了更多烦恼。该小组认为不仅非国家法定货币应该被禁止，任何被发现使用或交易这些货币的人都应被判处最高10年的监禁。尽管印度政府尚未推行这些措施，但法律上的不确定性让加密货币公司迁往政策更友好（或至少更确定）的国家，这使得印度在该领域的创新受到了抑制。

11.5　代码即言论自由

我们在第十章中探讨了，DeFi平台和DEXes之所以能够脱离监管边界的桎梏，仅仅是因为没有一个可以在地理上定义的中心实体可供司法管辖区起诉。资产在计算机网络上进行交易，而该区块链网络可能位于任意一个国家，没有传统意义上的公司来运营这些计算机，各国政府就很难确定究竟是哪一方违反了本国的金融法律。一个经常被引用的论点是：由于计算机代码是一种语言形式，至少在美国境内，它受到《美国宪法第一修正案》的保护，该修正案负责保障言论自由。不过，虽然这个修正案似乎可以方便一部分人得以逃脱，但试图因此而逃脱责任的人应该意识到，法律有着很长的"臂膀"，政府往往能找到办法找到他们，政府认为这些人必须为不被认可的活动负责。

以扎卡里·科伯恩（Zachary Coburn）为例。2018年，他因经营EtherDelta网站被美国证交会处以40万美元的罚款[12]。虽然科伯恩没有从技术上运营一个加密货币交易所［至少在理论上没有，而且EtherDelta是一个由以太坊智能合约（而非人类）运营的去中心化交易所］，但该网站为交易者提供了一个通过以太坊智能合约来交易通证的接口，因此他被认定应该负责。同样，罗斯·乌尔布里希特（Ross Ulbricht）因发起一个名为"Silk Road"的网站被美国政府处以具有争议性的监禁，该网站曾被用来销售比特币的相关物品，并且这些物品在不少国家都属于违法范畴。这个事件也表明了，如果一个编写代码的人被判违法，那么他（她）所能获得的法律保护是有限的。

与通证不同，比特币是真正去中心化的资产，所以政府将其关闭。其数据可以轻而易举地在不同的司法管辖区之间流转，甚至可以进入太空。部分开发者相信拥有一个真正免费且不受审查的支付网络十分重要，因此，他们在这上面投入了大量的精力，开发出能够帮助未接入互联网的居民发送比特币的技术。这项技术使用的是一种名为多跳网络（Mesh Network）的系统，少量数据可以从一个人的设备"跳"到另一个人的设备。

然而，也许比特币区块链本身不会受到个别政府的直接威胁，但这种情况在未来完全有可能发生。政府可能会无视"代码即言论自由"的观点，并试图起诉那些为数字钱包、交易软件或隐私增强软件编写代码的开发人员，但是，这些软件都具备能与公有区块链网络自由交互的接口。对于政府来说，这样的做法是一条险象环生的道路，因为扼杀隐私技术的创新就意味着抑制安全领域的创新；而将政府排除在个人私事之外的法规也给了试图窃取个人资产的犯罪分子脱身的机会。同时，软件开发人员还可能因为研究新型技术而受到惩罚，甚至面临牢狱之灾，这是最令人意外的一个结果了。

德国为响应AMLD5[①]而推出的规则揭示了监管的另一个可能的意外结果。例如，假设你身在德国，你的汽车系统中装有一个数字钱包，它可以和收费站或其他汽车进行交通类通证的交易；又或者，你的手机里装有一个数字钱包，并且它可以和去中心化的应用程序进行交易；又或者，数字钱包只是提供了一个可以访问其他资产的网

---

① 又称"第5项反洗钱指令"。——译者注

关——以上3种情况都意味着此类数字钱包的程序员扮演着金融托管人的角色，因此，这些程序员需要注册德国联邦金融监管局的牌照。蒂娜·贝克·泰勒（Teana Baker-Taylor）表示：

我们仍在等待关于集中式去中心化应用（dApp）、数字钱包及软件提供商的一些明确信息。例如，用户手机上的应用程序可能是一个数字钱包，可以存放或保护本人的虚拟资产，但该用户并不在应用程序上使用这些虚拟资产进行交易，并且没有外人可以访问该数字钱包或控制数字钱包的密钥。在这种情况下，提供应用程序的公司只是一个软件供应商。那么该公司承担着怎样的责任呢？即使有可能监管相关代码，监管仍将是非常困难的。

去中心化交易软件初创公司Vega Protocol的创始人巴尼·曼纳林斯（Barney Mannerings）指出，监管部门可能会发现，要达到合适的平衡比他们所想象的要更加困难：

人们首先会明白禁用这些系统是非常困难的，进行对自身有益或让自己感到有趣的活动是人的天性。人们还会了解到：我们似乎不得不一次次地意识到——密码学的本质其实是数学，而数学极难受到监管。因此，你可以希望每个人不进行端对端内容加密，但同时，你又无法真正地阻止大家这么做。

如果政府将有关于加密货币的相关活动定为犯罪行为，然后将科技创新扼杀在襁褓之中，那么随之而来的将是这项科技创新带来的货币和利益都付之东流。因此，长远来看，以定罪方式来进行成功的监管可能会带来不利影响，这会让你落后于其他人。

我认为不同国家在应对策略上各有所长。美国有一个真正的问题：监管者都认为自己应该监管加密货币，但没有一个监管者能做得特别好。我还听说过一个有趣的传闻——美国的金融犯罪执法网络要求美国证交会少做实质上的监管。这是为什么呢？因为这些监管机构能获得关于加密货币资本流动的信息，而这些信息是十分有用的。

因此，即使同为监管者，他们也会持有不同的意见。一些人认为"嘿，我看得到所有（加密货币）交易，监管起来比美元方便"；而另一些人则认为"嘿，看啊，这些人在发行不受监管的货币，我对此嗤之以鼻"。因此，即使在监管机构内部，监管人员也有着不一样的立场。

曼纳林斯也认为，大体而言，英国在加密货币监管上的立场非常明智：

英国似乎比其他国家做得更好一些，因为英国在编撰法律方面非常缓慢，这意味着英国可以容忍一些灰色地带和缺乏法律明确性的情况，长远来看，这有助于英国政府把事情做好。当然，这样做也是有代价的——正因为缺乏法律明确性，才会有诸多不确定性，因此，在英国成立加密货币的公司会面临更大的风险。

11.6　监管套利

正如我们在扎克伯格对美国国会的发言中听到的那样，监管机构目前进退两难，他们一方面希望做到反欺诈和反洗钱，一方面又害怕国家失去竞争优势。无论是迁往海外，还是采用创新程度较低的商业模式，公司都由于诸多因素不得不面对风险，比如地理位置和企业家跨越国境或州边界的难易程度。在某个特定时期，影响公司业务的因素可能不仅有某部法律，还有政府的理念及对技术和金融创新的态度。

如果一个政府给人的印象是不了解或不关心技术，或者其举措摇摆不定，一方面想支持加密货币公司，另一方面又考虑不周，对这些公司施以打压，那么这些公司可能会将业务转移到其他地方。一部分具有自由主义思想的加密货币公司退而选择法律束缚最小的司法管辖区，在那里，法律不会过多地限制他们；而另一部分人则会寻求政策制定者出自同情的立法——他们能够理解加密技术及加密经济学，既专注于支持经济的增长，同时又保证不会违反国际公约，比如不会违反反洗钱的相关法规。

虽然政府对加密货币公司表示欢迎并不困难，而且地方监管机构也很容易制定出有用的框架，但这些支持有些时候仍显不足。虽然马耳他一直努力吸引加密货币公司入驻，但将公司开设在那里的公司后来发现很难找到能提供银行服务的机构，最后，这些公司不得不在马耳他以外的银行开设账户。同样，英国金融行为监管局在英国的干预意味着与加密货币相关的公司仍然难以在商业银行开设账户。相较之下，瑞士所采取的谨慎做法已经取得了成效，该国成为从事数字资产交易公司的首选目的地。

虽然瑞士金融业对经济的重要性在过去几年略有下降，但按照价值计算，2018年，瑞士金融业占经济的9.1%[13]。瑞士金融业的关键群体是传统金融机构和金融科技初创公司，加上该国拥有鼓励研发的环境，为加密货币初创公司创造了一个健康的生态系统，有利的条件远远超过了数字资产受到的有效监管。请记住，有益的立法并不一定等同于宽松的立法，后者对公司而言可能也是个问题，因为它无法带来法律确定性。如果过度宽松的监管被大幅收紧，做规划对公司来说会非常困难。瑞士金融市场监督管理局（简称为FINMA）当然希望自己不要受到任何有关纵容诈骗犯轻松度日的指责。2017年9月，FINMA关停了几家虚假加密货币E-Coin的发行公司，并对这些公司进行了清算。

此外，在瑞士，各州（地区）在制定当地的税收政策方面具有很大的灵活度。因此，那些税率最低的市政能够蓬勃发展，并创造了有利于创业的特殊环境，使初创科技公司偏好聚集在此。苏黎世有一个名叫楚格的老城，它拥有长达800年的历史，出于某种原因，楚格被称为欧洲的加密谷，许多加密货币公司都将总部设在此处，比如比特大陆的瑞士分公司、Dfinity、Bancor、Waves、Lisk、Aragon、Cardano等。

瑞士政府的举措有一个特别之处：立法者对比特币的态度和对银行发行的加密资产或智能合约的态度一样开放。前往苏黎世的游客可以乘坐印有瑞士比特币（Bitcoin Suisse）广告的有轨电车，并可以在瑞士火车站的自动售票机上购买比特币和火车票，在楚格和基亚索等地区，当地居民还可以用比特币来缴纳市政税。

也许是出于自身的考虑，瑞士的个别州政府还出台了利好加密货币公司的程序，有一点是肯定的——瑞士立法者不想和加密货币革命擦身而过。2019年，加密货币创新项目层出不穷，瑞士加密货币银行SEBA获得接受投资者存款的授权，而瑞士金融市场监督管理局也允许区块链初创公司申请金融科技许可证，这些公司可以处理高达1亿美元的存款[14]。

尽管加密货币公司四处寻找并选择在法律法规宽松的司法管辖区

内注册，但随着各国的金融监管和洗钱监管政策更加日趋一致，追求监管套利也失去了一部分吸引力。我们在上文提到了德国和法国调整了法规，这主要是由于欧盟于2018年6月颁布并开始实施《反洗钱指令》。这项立法有一个明确的目标——使欧盟国家的法律与美国保持一致。虽然欧盟各成员国对该指令的执行细节由各地的立法者自行决定，但预计仍会带来重大的影响。

很显然，并非所有国家都是欧盟或反洗钱金融行动特别工作组（FATF）的成员，但泰勒指出，要逃脱监管的限制会越来越困难：

许多司法管辖区仍在评估如何推行自己的数字资产监管框架。司法管辖区之间的框架不容易相互协调。如果各国在相关法律上仍然存在差异，那么监管套利的机会仍将存在。举一个比较典型的例子，当《反洗钱指令》生效时，总部设在荷兰的某家公司决定迁往巴拿马。尽管巴拿马并非FATF的成员国，但是它依然受到该机构位于拉丁美洲分部的监管。因此除非巴拿马甘愿冒着被列入FATF灰色名单的风险，否则可能执行FATF对虚拟资产的相关政策。久而久之，希望在不受监管的情况下开展业务的加密货币公司能找到的理想司法管辖区会越来越少。加密资产变得主流，更多的资金开始通过跨境金融渠道流动，我们将会看到越繁复的监管措施。

11.7　自我监管与区块链治理

很多人（尤其是出于意识形态的原因而使用比特币的人）会争辩说，政府及其机构根本无权监管真正去中心化的货币。这些人认为，如果一种货币具有去中心化的特质，那么现有的监管已经足以应对它，但去中心化的区块链工作证明本质上依靠的是自我监管，相应的管理应该完全由市场的力量来决定。

这种说法有多少可信性呢？以比特币为例，我们已经看到比特币在应对监管的挑战方面具有显著的柔韧度，对于那些主张向更大的区块迁移以提高主链可扩展性的个人来说更是如此。开发人员会在区块链的部分原始算法中写入特定的激励公式，以奖励那些验证交易的矿工，这就意味着该区块链网络在很大程度上仍然不受个人或单一团队的控制，其工作证明所获得的奖励催生了这种独立性。

而在其他激励结构中，开发团队可能会有意或无意地让这种独立性变得毫无意义，区块链网络未来的决定可能会受特定利益集团的影响。在此类情况中，研究能够影响区块链工作方式的人类决策及总账治理机制原始设计算法的决策受益者是极其重要的。

区块链的研究者兼培训讲师西塔利·莫拉·卡特莱特（Citlali Mora Catlett）指出，建立共识机制至关重要：

首先，我们必须找出是谁决定了内部治理体系。当然，我经常举的一个例子是比特币，它是一个纯粹的点对点系统。在这个系统中，人人都有发言权，人人都有自己的观点。这是一个人人拥有同等权力的制度。

同时，你也可以看到像Tezos这样的区块链网络，在这个例子中，加密货币拥有自己的治理机制。十分有趣的是，点对点的区块链在概念上是一个自治的系统，正因为有了共识机制，区块链的每个人都有话语权；其次，当区块链网络的协议得到更新或优化时，避开治理的机制也会得到建立。围绕更新和优化的决策构成了项目的内部治理，同时还有外部领域的治理，它涉及各部门及参与者。因此，需要寻找一种由政策和法律框架组成的治理层级，将这些技术创新及内部治理整合到同一个框架内，该框架适用于所有人。

伊恩·格里格（Ian Grigg）将治理看作一个可以超越区块链层级、在更广泛背景下进行的过程：

例如，加密货币的交易所是一个持有用户价值的金融运营机构，并根据用户的指示进行部署。它也是一套治理技巧，可以简单地汇集足够多的交易订单，以便进行高效地匹配。但从根本上看，交易所的运营人员为大批用户提供了一个治理层级，这些用户可能觉得管理手机或笔记本电脑的数字钱包比较困难……这让我们幡然觉醒，并不存在完美的系统。总会有治理机制来解决问题，将系统提升到一个更高的层次。

当需要进行代码更新或政策决策时，谁来定义区块链或加密货币的治理是一个重要的问题。我们已经看到，在DAO遭到黑客攻击之后，分叉以太坊的决定是如何引发争议、并阻碍以太坊区块链的上线对象及时间的决定。并且我们还了解到，一些国家政府无法控制的因素也影响了特定区块链或加密货币的发展，软件开发人员或企业家此时做出的决策可能与所在州或国家在政府层面的决策者多年后做出的决策相冲突。

在本章中，政府出台政策都是一种应对某种情况的被动决策，而非主动的举措——他们在事情发生之后才采取行动来遏制和限制相应的创新技术。然而，泰勒为我们描绘了一幅更有希望的蓝图。她指出了交流交易信息的新途径，这些新途径的效率远远高于目前所使用的交流方式。泰勒还引用了大零币的例子：

大零币具有屏蔽功能，因此，其用户可以选择屏蔽交易。但实际上，目前只有1%的大零币交易启用了屏蔽功能。由于该加密货币具有隐私功能，所以它是一种隐私货币，只是人们并没有使用这样的功能。然而有趣的是，用户可以通过屏蔽交易的方法来发送反洗钱金融行动特别工作组要求的所有交易信息。因此，已经有一种通证自带能够确保合规的构成要素。

她还认为，加密货币并不存在监管问题，相反，政府对它的监管将极大提高政府对全球资金流动的追踪方式：

我们只能追踪到1%的洗钱行为，所能追踪到的黑钱数额仅有10 000亿美元的1%。如果我们能退后一步，实事求是地研究一下这项新技术可能带来的潜在解决方案，看看是否存在识别洗钱行为的更好方式，而非仅仅运用我们现有的系统（坦白说，这些系统表现欠佳），那不是一件好事吗？

在本章中，我们讨论了一部分政府建立的法律法规框架，他们通过这些框架来监控及监管公司和个人在其管辖范围内使用加密货币的行为。不少政府甚至更进一步，考虑发行自己的加密货币。在下一章中，我们将更深入地了解这些由央行发行的加密货币是如何运作的。

参考文献

[1]Bartlett J. Cryptoqueen: how this woman scammed the world, then vanished[N]. BBC News, 2019-11-24.

[2]Verity A. Fraud ringleader jailed over "boiler room" scam[N]. BBC News,

2018-09-14.

[3]United States House of Representatives. Committee on Financial Services[EB].2019-10-27.

[4]Kang C, Isaac M, Popper, N. Facebook's Libra charm offensive meets bombardment on Capitol hill[N].Irish Times, 2019-10-24.

[5]Price R. US Congressman Brad Sherman says Facebook's Libra cryptocurrency "may do more to endanger America" than 9/11[N]. Business Insider, 2019-07-17.

[6]Library of Congress. Regulation of Cryptocurrency Around the World[EB]. 2018-06.

[7]ECB. European Central Bank[EB]. Twitter, 2019-05-08.

[8]Lagarde C. Winds of change: the case for new digital currency[EB]. IMF,2018-11-14.

[9]BaFin. Virtual currency (VC)[R].2019.

[10]Cheng Y. French regulator grants its first approval for an initial coin offering[EB]. The Block, 2019-12-20.

[11]FCA. Regulatory sandbox[EB]. Financial Conduct Authority, 2015-05-11.

[12]SEC.Administrative Proceeding File No.3-18888[EB]2018-11-08.

[13]Swiss Info. Switzerland's financial sector losing importance[N].2019-04-01.

[14]Beedham M. Switzerland gets another "Bitcoin bank" that holds cryptocurrency for customers[EB]. The Next Web, 2017-11-13.

第十二章

国家发行的加密货币

世界无疑正迅速蜕变为一个无现金的世界。放眼欧洲和美国，大多数人已经使用非接触式银行卡或手机应用进行支付；在中国的许多城市，使用微信或支付宝进行付款成了首选。再到东非国家，M-Pesa等电信支付系统已经成为主流。世界各地的人都唯钱马首是瞻，宣称在后互联网时代里，现金已不足以作为经济互动的手段。这不仅是因为现金已经不再能满足通过网络连接的流动频繁的人口的需求，而且政府制造及追踪现金的成本非常高。仅在英国国内，就有698.41亿英镑的钞票在流通。确保钞票的防伪造、更换损坏的钞票并让它们流通起来需要相当可观的成本，这仅仅是与纸币相关的成本，如果将铸币及硬币的成本也考虑在内，总体成本还会更高。

尽管无现金支付方式受欢迎的程度呈指数上升，但不少人仍然偏好使用现金。以英国为例，虽然现金支付的比例从2006年的60%以上下降至2018年的28%，但现金与无现金支付的比例仍然达到1∶3。人们更喜欢使用现金的原因有很多：一些人发现，如果需要面对交出纸币和硬币的现实，会更容易不超出自己的预算；另一些人则无法完全信任银行，尽管现金存在被盗或丢失的风险，但他们还是更喜欢以现金支付；但也许最重要的原因是使用现金可以保护个人隐私，这也意味着，银行无法知道你是否把自己辛苦赚来的钱用在了合法的东西上——有时不管出于什么原因，你可能会觉得某笔消费对自己不利。

虽然有人可能会出于以上原因而倾向于使用现金，但在未来10~20年，我们很可能会见证现金在现代经济中的消亡。在一些国家，这样的消亡将会更快。据预测，瑞典将成为第一个不再将现金作为日常支付手段的国家。哥本哈根商学院的数字化院系副教授乔纳斯·赫德曼（Jonas Hedman）在题为《无现金化》（*Going cashless: what can we learn from Sweden's esperience*？）的论文中预测[1]，到了2023年3月，尽管纸币和硬币仍将存在，但瑞典人将无法使用它进行日常消费。"我们通过研究得出这一结论。我们调查了750家瑞典零售商，并研究了他的现金管理成本，发现在瑞典流通的现金量正在下降中。我们还发现，当现金交易低于交易支付总额的7%时，管理现金的成本将高于使用现金来进行支付的边际利润。"

虽然这似乎违背了瑞典将克朗作为法定货币的原则，但合同法总是优先的，而且只要零售商流露出不想接收现金的想法，就可以视作与顾客达成了某项约定。无现金支付的盛行使瑞典成为向央行数字货币（Central Bank Digital Digital Currercies，CBDC）过渡的理想实验平台。尽管如此，瑞典中央银行（Sveriges Riksbank，简称"瑞典央行"）并非在未经仔细思考的情况下匆匆发起这一项目。瑞典央行于

2019年12月宣布，将与专业服务公司埃森哲（Accenture）进行一个合作试点项目，共同搭建电子克朗的初始技术平台及用户界面，包括通过银行卡、手机和可穿戴设备等支付方式。双方最初只签了一年合同，但瑞典央行打算将该项目在其测试环境的试点周期延长至7年。但瑞典央行警告称，该项目并不能视作该国政府将要发行电子克朗的承诺。

另一个央行的数字货币项目是巴哈马央行于2019年12月推出的Sand Dollar项目，仅限巴哈马的埃克苏马群岛使用。分析人士很想了解该项目的运行机制，也希望知道实施央行数字货币项目可能会对更大的经济体产生怎样的影响，但该项目的较小规模可能会让他们感到失望。推出Sand Dollar项目的初衷是促进整个巴哈马群岛的金融包容性，并且Sand Dollar会带来附带利益：比如无论当地居民有多少银行存款，他们都可以进行数字支付。Sand Dollar项目还能帮助商户节省数字支付方面的费用。另外，该项目预计可以将价值10亿美元的现金重新注入巴哈马经济中。不过，巴哈马央行行长约翰·罗尔（John Rolle）坚称，Sand Dollar不是加密货币或稳定币，它纯粹只是现有纸币的数字版本，而且当地居民的钱包余额必须控制在500美元以内（巴哈马元与美元一对一挂钩）。虽然如此，Sand Dollar是介于传统货币和真正的央行数字货币之间的跳板。

12.1　英格兰银行的第 605 号文件

　　国家发行数字货币已经不是什么新鲜的想法。其他国家刚刚决定或准备推出本国的央行数字货币时，英格兰银行在某种意义上已经走在了前面。早在2016年，英格兰银行就发布了一份文件[2]，阐述了央行数字货币在正常经济时期可能产生的宏观经济影响。作者约翰·巴尔达（John Barrdear）和迈克尔·库姆霍夫（Michael Kumhof）认为，一定程度的去中心化有利于提高经济韧性，但他们并不清楚如何实现这个目标：

　　在本文中，我们将数字货币定义为所有以分布式账本和去中心化支付系统为特征的数字货币形式或交换媒介……有几种方法可以实现这种去中心化系统。国家的中央银行可以自行保存账本的所有副本，几个公共机构也可以互相保存对方的副本，作为金融中介的私营公司也可以参与和中央银行展开的合作。

　　他们认为，从传统的货币发行模式转向央行数字货币有很多好处，比如降低了货币交易的成本，使决策者对金融体系的互联互通有了更深入的了解，并改善了经济稳定性。但这也会带来一些风险，过渡到未经检验的全新制度会带来风险，银行在过渡时期可能出现挤兑情况，潜在地也可能影响汇率的动态。

这不是英国首次讨论数字货币了。2016年2月，伦敦大学的乔治·丹妮丝（George Danezis）和莎拉·米克尔约翰（Sarah Meiklejohn）发表了论文《中央银行发行的加密货币》（*Centrally banked cryptocurrencies*）[3]，详细描述了央行数字货币在实践中的运作原理。他们将虚构的数字货币命名为"RSCoin"，并指出：

> RSCoin……具有一个透明的交易总账、一个维护该货币的分布式系统及一个全球用户可见的货币供应，比现有的（非加密）货币更具优势。这使货币政策更加透明，允许用户直接进行支付和价值转移，支持用户使用假名，并可以享受区块链及数字货币的创新用途。

英国已经围绕央行数字货币进行了几年的思考，虽然英格兰银行尚未宣布任何计划向数字货币系统过渡，甚至还没有进行试点研究，但这并不代表英国政府完全否决第605号文件中阐述的愿景。这样一份文件的发布也并不意味着政府建议或拒绝某种特定的构思。相反，该论文对央行数字货币进行了风险评估，探讨了大型经济体推行这种货币的利弊。

有观点认为英格兰银行在发行央行数字货币或其他类似的支付都落后于时代，577实验室的创始人理查德·克鲁克（Richard Crook）

驳斥了这种观点：

2016年，英格兰银行发布了第605号文件，这是一份先进且超前的文件，肯定会引发其他国家的央行对此类问题的讨论，而且各国央行尚未实施这一举措并不代表它们是滞后的。英格兰银行只是发布了一份文件，在其中阐述了央行发行数字货币将带来的宏观利益，但这些利益可能无法抵消它给英镑稳定性带来的风险……因此，主张英国监管机构在任何方面十分落后的论调是完全不公平的。

12.2　政府加密货币的运作模式

虽然主流媒体很快就将政府发行的数字货币与比特币等类似的加密货币相提并论，但必须指出，国家数字货币的验证节点仍将受政府货币监管部门的控制。因此，此类货币的供应量仍将由决策者自行决定，不会由供需关系进行调节。

即使没有黄金或石油等资产提供支持，但如果货币供应量的调整仍受经济学模型的影响，那么这种由国家发行的任何形式的货币都是法定货币，它的表现形式可能是纸币和硬币，也可能由总账中的价值来表示。央行数字货币需要依靠验证节点来管理货币的创建，并且个人与公司的数字钱包之间需要互相认可某笔交易，由于所有节点都由发行机构来管控，区块链不需要工作证明来证明节点之间的共识。由于并非任何用户都可以加入这一公有区块链，该链不需要提供吸引外部节点加入的激励。只有政府持有和运营的节点，或政府所信赖的大型银行潜在的合作伙伴的节点才能接入这个区块链网络。

欧洲央行等超国家金融机构认为，发行数字货币的责任将落在他们的肩上，不应由各国政府自行发行数字货币。在拉加德的领导下，欧洲央行已表示愿意加快数字欧元的筹备进程。欧洲央行还在2019年12月发表了一篇论文，旨在解决个人使用此类货币可能引发的一些隐私问题。

12.3 中国的数字货币和电子支付工具

在过去的5年内，中国一直在致力于开发由区块链驱动的数字货币。人们普遍认为，中国将成为首个推出央行数字货币的大型经济体，这项计划将有助于中国赢得数字货币竞赛，并提升这一新型货币的国际地位，使其被列为世界新型储备货币。

与早前的传言不同，数字货币将不会由黄金支撑，而是由中国的央行直接管控。这种新型货币的特点是，即使在没有互联网覆盖的情况中，用户也可以通过手机（近场通信）交换货币，以致最终那些没有银行账户的居民都可以使用这种货币。

作为中国唯一具有法定货币地位的数字货币，其使用是有保障的，主要有以下两方面因素：①中国人民对数字支付充满热情，已经对此做好准备；②中国政府会制订数字货币的发行计划，以确保数字货币被广泛使用。2019年，许多人已经发现现金可有可无，因为商家基本上都接受微信支付或支付宝支付，可见过渡到数字支付系统并没有文化上的障碍。

中国央行数字货币的推出计划分为两个阶段：第一阶段，数字货币电子支付（Digital Currency Electronic Payment，DCEP）将以与人民币相同的方式分发给央行下属的商业银行；第二阶段将面向公众，将DCEP推广为消费者提供支付服务的公司（微信支付的腾讯和支付宝支付的阿里巴巴），再进一步普及给这些公司的零售客户。为了使数字货币得到普及，中国政府可能将出台相关规定，让所有接受微信支付或支付宝支付的公司做好接受DCEP的准备，以促进数字货币的推广。

在本章的稍后部分，我们将探讨国家数字货币对个人隐私的影响，而欧洲央行已在研究这个问题。随着人民币从实体货币转向DCEP的形式，中国政府将获得更多样的数据类型，这足以让隐私权的倡导者停下来进行一番思考。

不过，一些分析师仍对DCEP保持乐观的态度，认为它预示着加密技术将在全球普及。比特币资讯网CoinDesk的一篇评论文章提到："主权权力可能是加密货币大规模普及的关键。"[4]文章作者是Dialect公司的创始人瑞安·祖勒（Ryan Zurrer），他还写道：

虽然西方的加密货币纯粹主义者持续表现出对DCEP的隐私及受监控的担忧，但在我看来，这种评价过于简单。我相信，中国将发挥其独创技术，能够无缝衔接高隐私加密网络和受监管的DCEP。

12.4　国家数字货币对个人的意义

如果支付方式由银行传统账本转向数字货币供应，那么对政府和个人而言，都可能产生天翻地覆的变化，因此，国家数字货币计划的进展缓慢也就不足为奇了。新兴事物一旦普及，就会成为一个很难（或根本不可能）被逆转的改变。退一步来说，国家数字货币计划除了能为政府和公司带来更多的利益和更高的效率外，它还可能让我们对货币本身及我们与货币的关系进行根本性的评估。

让我们先看看国家数字货币对个人意味着什么。正如我们在本章开头所提到的，使用现金的一大好处是保证支付的匿名性。也许这并非真正的匿名，因为为了当面交易，用户可能需要在线下某个的地点碰面。例如，在英国等公共场所监控程度很高的国家里，人们不太可能从银行提取大量现金，然后通过开车、步行或乘坐公共交通的方式将它用于犯罪目的，相关行为基本会在某个时刻被监控摄像头捕捉下来。撇开犯罪活动不谈，在普通人的日常生活中，虽然现金支付是一种十分方便和即时的付款方式，但用户也面临着被偷窃而丢失的风险。

政府和公司都希望个人使用电子支付，不使用现金，因为现金支付是一种无法贡献有用数据的支付方式。公司更倾向于用户使用电子支付，就像他们更重视那些办了会员的客户一样，这是因为电子支付有助于公司不断收集客户在不同时期的数据，并适时推出特定的优惠活动或行为激励，促使客户进行更多消费。大多数人也许都听过这样一个故事：美国一名未成年人意外怀孕，在商店向她发送母婴产品优惠活动的信息后，她的家人从她的购物明细中发现了这个秘密。尽管这个故事及其他类似的故事经常被头条新闻引用，但人们似乎还是乐意用大量的个人数据来换取便利。因此，如果整个社会转向一个不再接受现金支付的体系，收集数据的受益者将能确保所有购买行为均受监控。

政府很容易让民众相信使用央行数字货币是一件好事。例如，这可以促进国民遵守纳税原则。遵守国家法律的纳税者肯定会对那些违反法律之人不满。包括英国在内的许多国家政府都希望强调自雇劳动者的情况，这些自由职业者接受客户的现金付款，但并不申报所有收入，由此达到逃税的目的。有时，这类劳动者会以现金付款的条件作为交换，向客户提供一个较低的税率——不言自明，通过这种合谋方式，服务的提供方和接受方都可以从逃税中获利。最近，英国政府也发起了宣传活动，提醒国民称这种合谋至少在英国是一种非法行为，如果自雇劳动者协助小型公司老板逃税，那么他也会被追究责任。政府发起这项运动的目的是利用人们对逃税行为的不满，让这种行为成为社会上不被接受的行为，这就好比让国民会痛斥在满是儿童的狭小房间里吸烟的行为。由此可以很容易地看出，政府会基于公平性向消费者推广转向纯数字支付的计划。

同样，一些国家的政府出台了社会福利计划，以帮助失业者或失去劳动力的弱势群体。为了防止出现欺诈行为，政府通常会采取制造分歧和社会反对的策略，譬如有时会开展宣传活动，鼓励国民举报有工作的同时领取社会福利的邻居。民粹主义报纸和社交媒体网站上的发帖网友也会控诉一部分不合格的社会福利受益者，这些不合格的社会福利受益者可能将福利金花在"不必需的"或奢侈的商品上，如香烟、酒、电视节目订阅等。美国政府甚至会向特定的群体发放食品兑换券，以达到强制推动检举揭发的目的。

从这个层面上来看，向数字货币过渡已经上升为一个关乎自由和人权的问题，并成为各国政府必须谨慎对待的领域。如果大多数国众都同意，从他们的纳税中获得福利救济金的人群应该履行道德责任，应该食用健康食品，并避免饮酒和吸烟，那么他们肯定也会赞成政府强制执行约束救济金领取者行为的举措。国家可以轻而易举地通过编程来调整区块链网络注册的数字货币，一旦有了可编程货币的概念，特定的支付就可以跟特定的目的绑定在一起。因此，国家资助的受益者可能会被迫养成更健康的生活习惯，因为政府会向他们发放具有特定属性的电子货币，这些货币不能被用来进行国民明显不赞成的消费。从纳税人的角度来看，这个举措也许会受到纳税人的热烈欢迎，但它将会给予个人自由一记重击，并将为更具侵略性的措施敞开大门；另外，这还可能会铸就一个生态良好的黑市，这是因为福利救济金的受益人可能会通过以物换物或使用非国家发行的加密货币来购买其他商品或服务。

对于任何试图制造民众意见分歧并统治其人民的政府来说，以受惠者为目标可以简单地带来民粹主义的胜利，但投票支持这类措施的人应该意识到，自己也不能免受类似的胁迫。在行为经济学领域，政府依靠推动而非立法来鼓励人们以一种符合社会需求的方式行事，但是当国家运用诸如可编程货币等"钝器"后，政府可能不会再依赖这种推动性政策。那么有可能出现怎样的情况呢？比如，不管本国具有怎样的公共卫生系统，政府都希望能降低医疗费用，其中最有效的方法就是鼓励人们养成更健康的习惯，例如少吸烟、少喝酒、少吃垃圾食品和多锻炼。在私营部门中，保险公司通过推出类似的计划来鼓励投保人健康地生活。在这些计划中，客户可以获得可穿戴设备的健身跟踪服务，如果他们能达到某些活动的目标，还可以赢得更优惠的健身房会员资格等奖励。

虽然一部分消费者已经对私生活受到侵扰而感到不安，但其他消费者面对这样的省钱机会则采取来者不拒的态度。目前为止，情况还算不错，毕竟这些都是消费者自愿参与的计划。

但如果各国政府开始以非自愿的形式对本国民众施行这样的政策，这又会给个人带来怎样的影响呢？我们可以想象一下这样一种制度：你使用数字英镑、美元或欧元以正常的价格购买了一定数量的酒，但这个数量一旦超过公立医院的医生认为你的身体可以承受的每周、每月或每年的酒精量最高阈值，每单位的酒价就会上涨，这势必会影响你的消费行为。目前这种说法听起来可能比较牵强，一旦未来的科技使之成为可能，那么国家的决策者肯定不会放弃用这种方式来调节国民消费。

我们还可以考虑另一种情况：如果中国将目前推行的社会信用体系与一种脱离现金的国家数字货币结合起来，那么反乌托邦的潜力也会显现出来。如果某人曾有过犯罪或其他违法行为，这相当于没有达到国家对公民提出的行为标准，那么政府很容易通过限制此人购买机票或火车票来限制他（她）的活动，但同时保证其依然享有购买食物及其他必需品的权力。在关于国家数字货币益处的讨论中，大部分讨论都集中在提高金融包容性，以及能够确保由于囊中羞涩而无法成为营利性银行客户的人群不会被排除在现代生活之外。

12.5　宏观经济与全球情况

正如我们在本章中所看到的，虽然央行数字货币与公共加密货币（如比特币）具有一些相同的属性——比如持有者可以使用加密密钥来进行交易，而且所有交易记录都能写入一个（可能分布在多个节点上的）账本中，但两者也有诸多不同之处。它们的主要区别在于：虽然比特币等加密货币的价值完全取决于供求关系及矿工为创建新的比特币而付出的算力成本，但国家发行的数字货币与我们今天的现金具有同样的基础，即法定货币，这就意味着国家数字货币的供应量完全由发行该货币的政府来决定，这和目前的情况毫无区别。

在宏观经济模型中，经济学家和政策制定者可以决定何时及如何向经济注入更多现金流，以达到刺激或抑制消费的目的。与利率等工具一样，货币供应量也是影响经济行为的一种方式。政府做出的决策不仅会带来理论上的影响，还会直接影响人们的生活方式——正如近几十年来的趋势所表明的那样，为了阻止国民囤积资金，并鼓励消费和借贷，一些国家的政府会降低储蓄利率，甚至达到负利率的程度。这给那些依靠固定收入生活的人（如养老金领取者）带来了许多痛苦，也加重了一部分人的债务负担，而这些债务对他们而言是无法承受或并不合理的。我们在前面所探讨的，如果政府把这个微妙的平衡公式弄错了，可能会给国家经济带来灭顶之灾，比如20世纪30年代在德国出现的恶性通货膨胀，或者近来在津巴布韦和阿根廷发生的恶性通货膨胀。

国家发行的数字货币可能对决策者大有裨益，因为政府可以通过单一的途径来获取比目前更为详细的数据，并且不必等待零售组织和银行整理好几个月的数据，可以获得实时的统计数据，但我们也能很容易地看出，如此强大的工具可能会让政府滋生错误的安全感，做出有害的决定，或限制其国民做出合理经济选择的自由。我们可以看看日本的案例。

自20世纪90年代以来，日本一直处于通货紧缩的旋涡中，这意味着国民的工资不断下降，消费者捂紧腰包不愿消费，公司也不愿对商品和服务提价。无论日本政府如何积极地通过连续几轮的量化宽松及减税政策来刺激消费，但所有的尝试均以失败告终。日本的人口结构不容乐观，加之国民具有支持储蓄、反对借贷的固有思维，即使政府将钱直接塞进他们的钱包，他们最终也只是把钱储蓄起来，不会进行消费。日本是世界上人口老龄化速度最快的国家，这意味着国民往往对金融科技创新及举债的想法更加抵触，要储蓄而不要消费的想法已经深入全国人民的思想，甚至电视播放教导人们勤俭持家的节目。一旦这样的思维方式成为国家文化及身份的一部分，国民的想法就难以改变了。即便政府将利率调整成负数，民众也不太可能摆脱储蓄的习惯，最终的结果无疑是越来越多的日本人将钞票存储起来。

国家发行的数字货币可能可以解决这个问题，尽管背后的代价是人们被剥夺消费的自由，不再能够把钱花在任何想做的事情上。试想一下，如果政府针对实施俗称为"直升机撒钱"的行为（央行印钞），而不是出台减税的政策，这就意味着国民将会把所有富余的数字货币都储存在储蓄账户中，要么如上文所说存储起来，只不过这种情境下是以国民钱包的信用余额而存在的。政府可以给这样的支付形式增添一个可以通过编程来调整的因素，以确保"加印的钞票"能被用在特定的商品或服务上，例如，这些数字货币仅能被用于购买国产的消费品，这将使某一部分的经济出现通货再膨胀。

当然，大多数信奉自由市场的经济学家都会辩称，尽管这样的政策修补可能会让主张干预派的政策制定者眼前一亮，但它可能会带来无法预见的灾难性后果，而且这并不仅仅局限于其领导层选择走这条道路的经济体。请注意，在上一段中，我用到了"国产"一词。对于一国政府，尤其是寻求连任的政府来说，新订单的激增对于当地生产商（无论是农民还是制造商）而言最具有提振作用。在过去数十年间，全球生活水平的急剧提升，至少有一部分原因是正在谈判的各种自由贸易协定和在世界各地建立的各种贸易集团所引发的全球贸易在某种程度上的自由流动。保护主义也对全球居民的生活水平构成了巨大威胁。不过，如果你是发达国家的一名工人，曾经有过工作机会被海外廉价劳动力抢夺的经历，那么你可能不会有这种感觉。虽然个人可能会受到全球竞争的负面影响，但全球的整体经济却因此变得更加强大；不过，最近中美之间的贸易战有可能给世界经济繁荣蒙上一层阴影。

经济学家普遍认为消费者总体上能做出理性的选择，而爱国主义的诉求（例如支持英国国货）会在一定程度上影响消费者的行为。一旦国货与非国货在价格或质量上的差距拉得太大，大多数消费者就会无视爱国情绪，转而进行理性的消费行为。如果政府想要促进民众对当地农产品的需求，那么他们只能从国民的情感入手，不能依靠国民的理智来实现这个目标。

我们还可以想象这样一个场景，就像我们在前文假设的"直升机撒钱"（即政府定向扶持经济落后的地区）的例子一样，政府也可以针对国内某些特定地区推行数字支付，比如不太可能给这届政府投票的地区。

虽然数字法定货币可以为政策制定者和政府经济学家提供更丰富的信息和工具，他们可以借此有针对性地修补经济，但任何关心个人自由和世界金融体系平稳运行的国民都应该密切关注本国政府打算如何使用新型科技"撒手锏"。

在这个充斥着国家数字货币的新世界里，令人担忧的不仅仅是保护主义。在我们的固有思维中，真正的战争正在技术和经济领域上演。正如扎克伯格在针对天秤币项目的国会听证会上所做的警告那样，如果美国决定关闭创新通道，那么中国等国家将在数字货币领域抢占先机，美国则会面临巨大的风险。美元是世界历史上影响全球政治的最有力工具。在过去的几十年，美国对被其视为威胁的国家实施金融制裁，由此引发了这些国家政权的更迭，并或多或少地影响其他国家领导人的行为，而这些行为被美国政府视作威胁。在20世纪，美元一直是全球的储备货币，因此美国肯定不想失去这个强大的工具。

不过，肯尼思·罗戈夫（Kenneth Rogoff）在其精彩的文章《即将到来的数字货币战争高风险》（*The high stakes of the coming digital currency war*），中指出[5]：

正如科技已经彻底改变了媒体、政治和商业的模式一样，它也即将破坏美国利用美国人民对美元的信心来追求更广泛国家利益的能力。美国面临的真正挑战不是脸书公司提出的天秤币项目，而是由政府支持的数字货币，比如中国正在计划发行的数字货币……如果中国发行一种得到广泛应用并由国家支持的数字货币，那这势必会产生影响，在中国与西方国家有利益冲突的领域更是如此。

让美国感到不安的因素不仅仅是中国的数字货币计划，英格兰银行的前任行长马克·卡尼（Mark Carney）曾多次谈及拥有不与美元挂钩的数字货币大有裨益，一位著名的前美联储官员公开反对这一言论。[6]纽约联邦储备银行前任执行副总裁兼市场部负责人西蒙·波特（Simon Potter）也曾表示："如果世界上没有可以用来给商品定价的货币，或者该货币没有深度市场，那么全球经济将会陷入低迷。"

美国的一部分国民认为，完全数字化的美元是防止其他虚拟货币接管法定货币的方法。2018年，美国商品期货交易委员会的前主席J.克里斯托弗·詹卡洛（J Christopher Giancarlo）对比特币发表了正面评价，从而登上了新闻头条。他与埃森哲公司合作创建了非营利性的数字美元基金会（Digital Dollar Foundation，DDF），该基金会旨在研究如何将美元转换成完全基于区块链技术的数字货币。2020年1月，在达沃斯世界经济论坛上，英国、日本、欧元区成员国及瑞典、瑞士等的央行宣布成立一个全新的工作组，由欧洲央行的执行委员会成员贝诺瓦·库雷（Benoît Cœuré）和英国央行副行长乔恩·坎利夫（Jon Cunliffe）共同主持，共同研究央行数字货币的用例。

不过，伊恩·格里格（Ian Grigg）也强调，对于支付系统已经十分完备且成本很低的国家而言，数字货币可能意义甚微。他还指出，从央行的角度来看，数字货币所带来的风险可能远远大于收益。他提道："问题是，央行数字货币与现有的支付手段相比实际上并没有什么竞争力……比如，如果你在欧洲大陆生活，那么单一欧元支付区

（Single Euro Payment Area，SEPA）政策就已经非常有效，我们已经有一个运转良好且十分便捷的支付系统。"

　　格里格还进一步解释称，这种新型的支付系统可能不仅没有什么优势可言，甚至还可能引发相当大的下行风险，人们可能会将资金从现有的银行系统中转移出来：

　　如果国家剥夺了传统银行的支付服务功能，并向国民展示一种更好的替代系统，那么这意味着人们会去银行取出他们的存款，转而存入这些支付系统中。但是，这种做法会削减银行的存款根基，银行自然会出现资金紧缩，贷款发放等业务进而也会收缩。分析过这种情况的中央银行都会意识到，如果政府允许独立的支付体系对央行发起挑战，那么这实际上会导致经济萎缩，归根结底，银行才是通过发放贷款为经济注入资本的机构。

　　但是，格里格还用肯尼亚的案例表明，在合适的情况下，各国央行都非常支持科技创新及新型的支付系统，即使在肯尼亚等支付系统还不够完善的国家也是如此：

　　移动电话支付网络M-Pesa获得了巨大成功，这表示用户不再需要银行，仅需要一部手机就能进行支付。肯尼亚央行发起了干预行动，阻止银行封杀M-Pesa，并防止来自由西方的经合组织主导的反洗钱/了解顾客监管体系进入肯尼亚对M-Pesa发起威胁。在肯尼亚央行的努力下，M-Pesa在受到巨大的阻力之前，已经在肯尼亚普及，这也是肯尼亚央行经过深思熟虑的政策。

由此我们也可以了解到，尽管发行央行数字货币是国家的决定，但政府也应当从宏观经济风险的角度来仔细权衡，毕竟我们正身处在一个金融上互联互通的世界，太晚加入发行央行数字货币的大军可能会产生影响极大的风险。

尽管央行数字货币无疑会成为金融蓝图的一个重要组成部分，但我们还是需要预测未来十年乃至更长时间，数字货币革命将把我们引向何方。在本书的最后一章中，我们将会带着预测的眼光来探寻数字货币的前景。

参考文献

[1]Hedman J. Going cashless: what can we learn from Sweden's experience?[EB]. Knowledge@Wharton, 2018-08-31.

[2]Barrdear J, Kumhof M. The macroeconomics of central bank issued digital currencies[EB]. Bank of England, 2016-07-18.

[3]Danezis G, Meiklejohn S. Centrally banked cryptocurrencies[EB].2016.

[4]Zurrer R. Sovereign powers could be key to mass crypto adoption[EB].

CoinDesk, 2019-12-30.

[5]Rogoff K. The high stakes of the coming digital currency war[J]. Project Syndicate, 2019-11-11.

[6]Greifeld K. Ex-Fed official takes aim at Bank of England's crypto proposal[N]. Bloomberg, 2019-09-25.

第十三章

数字货币的

未来趋势

自比特币白皮书于2008年年底发表以来，加密货币与可替代金融领域的创新进展之快，曾经看似具有革命性的理念也如此迅速地融入主流，着实令人惊讶不已。也许在结束本书之前，我们应该考虑一下中短期内的金融形势可能会是什么样子，并挑选出一些对未来具有预测性意味的宏观主题，这么做是大有裨益的。

就比特币网络本身而言，最值得期待的软件升级方案是一种名为Taproot的改进方案。该方案将为比特币交易添加类似智能合约的功能，还允许多个签署方的存在，同时保密此类交易的细节[1]。

比特币正逐渐发展成越来越主流的加密货币，虽然那些珍视真正防审查货币的持币人仍将继续保护自身安全并自行持有私钥，但我们可以预见，对于那些宁愿付钱让他人冒险的人来说，托管服务将出现平行增长，在机构层面上尤为凸显。像温克莱沃斯（Winklevoss）双胞胎兄弟的托管机构Gemini Exchange提供保险计划无疑将成为常态操作，如果有更多机构资金流入，托管服务将会进一步增长。

13.1　闪电网络与其他第二层解决方案

我们在前文讨论了网络交易量与网络安全之间的权衡，并指出比特币和以太坊区块链无法处理接近传统支付系统所能处理的交易量。尽管许多人主张采用更大的区块来容纳更多的交易，但这并不一定是唯一或最佳的解决方案。

相反，最近正在开发的许多项目不会把每一笔交易都直接写入公有区块链，而是允许交易在主链以外的支链上发生，只是将终端结果写入主链。

活跃在比特币上的闪电网络就是一个很好的例子，它的处理成本低廉，几乎可以支持即时支付，因而得名闪电。闪电网络的工作原理是允许用户个人建立私有通道，然后用户在该通道内分配足够的比特币，以完成两个参与者之间的支付，这些支付只会记录在本通道内，而非记录在整个区块链上。这些通道拥有无限的使用寿命，并且在至少有一个参与者发起关闭交易的情况下才能关闭。在这之后，交易被写入区块链，为开通渠道而存入的资金将会返还给用户。尽管用户被警告称只能使用闪电通道来发送少量加密货币，但许多人希望，闪电网络等第二层解决方案的基本原则可以开辟前路，让比特币网络获得处理更多交易的能力。

用户还可以在莱特币区块链上使用闪电支付，而以太坊也在开发自己的第二层解决方案。一种名为Optimistic Rollup的创新方法可以将大量交易聚集在Rollup Block中，并发布到以太坊主网络上的智能合约，从而大大提高数据吞吐量。

13.2 以太坊 2.0 与去中心化金融的爆发

根据雄心勃勃的发展路线图，以太坊将让区块链网络从能源密集型的工作量证明激励结构转向权益证明。这一转变将继续引发争议，相关治理问题及谁来做出有关网络未来的关键决策将会引起更多问题。以太坊真的会像创始人布特林所设想的那样发挥潜力吗？是否会被其他竞争对手取而代之？

这在很大程度上取决于以太坊网络最终由谁使用，以及谁能从中获得经济利益。以太坊最初被用于加密猫等游戏及ICO铸造代币，但那个时代已经过去了好几年，相关的产品似乎永远看不到曙光。如果DeFi生态系统兑现了它早期的承诺，那么以太坊作为主要的DeFi平台将会焕发新的生机，Defi将会对其产生巨大的依赖性。这样一来，以太坊就从潜在上承载价值数十亿美元的加密合成型资产和其他衍生品，这就意味着它也会"大到不能倒"。

我们也希望看到其他区块链被用于去中心化金融的目的，并被用于代码开源的软件，个人由此可以自行创建新型金融产品的集合，而不必受到行动缓慢的公司传统思维的束缚。各国政府将不得不提防过度的监管，它们将会配备更具前瞻性的思维，致力于研究积极运用这种巨大的创造力的方法，以帮助本国民众实现财富民主化，而非简单地叫停科技创新。

13.3 Convergence Stack

无论加密货币对未来有什么承诺，有一点是可以保证的，那就是它们不会孤立地运行。在本书中，我们探讨了加密货币在汽车及能源行业、媒体、游戏及艺术行业的使用案例，也谈到数字货币是互联网的原生货币，这也意味着此项技术将适用于大量的互补性创新，如人工智能、虚拟现实及大数据。从投资者的角度来看，考虑一下Outlier Ventures公司所称的Convergence Stack可能会很有帮助，该公司将其描述为"一套提供隐私保护的点对点开源技术，提供去中心化的云计算服务并可以拆分的互联网平台"。

换句话说，为了让诸多革命性技术发挥全部潜力，并让我们进入一个由互联设备、前所未有的机遇和网络组成的新世界，数字货币必须成为关键部分。

如果未来的世界真的是去中心化的世界，我们预计这将会受到来自现有利益相关方的阻碍，至少在他们弄清楚自己的盈利模式之前是这样的。2019年12月，以太坊社区发出强烈抗议，谷歌的应用商店突然在没有任何警告的情况下禁止了流行的MetaMask钱包工具，MetaMask是一款谷歌浏览器的扩展插件，允许用户在谷歌浏览器中与以太坊的去中心化应用程序进行交互，并最终集成一个支付钱包。虽然相关公司向谷歌申诉MetaMask实际上并不能开采出任何东西，但谷歌最初十分坚持这项封杀决定，理由是他们禁止用户使用任何加密货币开采工具。虽然MetaMask在一周后重新上架，但分析师很快指出，这种中心化操作是一种缺陷，并呼吁开发人员推出去中心化的替代方案。就在同一周内，YouTube（也归谷歌所有）删除了大量有关加密货币的视频，其中很多视频只是教育类的视频。同样，很多视频之后都得到了恢复。

虽然大型科技公司继续发展自己的通证化经济及数字货币，但我们预计将会出现更多以上类型的倒退，这些阻碍要么由公司本身发起，要么由希望国家发行的数字货币成为唯一选项的政府推动。到了那个时候，比特币等真正的防审查技术将具有极为关键的意义。

13.4　互操作性与侧链

各国政府可能希望自己的数字货币成为唯一在本国流通的货币，但当比特币的创世区块被开采出来时，这就犹如发出的箭，再没有回头的余地了。目前已经存在无须第三方受信者提供验证的支付技术，而在消费者选择至上的世界里，区块链网络与其他创新科技融会贯通的情况指日可待，消费者由此可以无缝地将资金兑换成不同类型的加密货币，无论是央行数字货币、银行或大型科技公司发行的通证，还是真正的加密货币。

基于侧链的区块链网络（比如Blockstream公司开发的Liquid网络）的开发也在继续，此类网络允许用户快速且安全地转移资金并发行新的数字资产。BitMEX、火币、Xapo、OKCoin、Bitfinex等主要交易所及钱包已经在Liquid网络使用。作为区块链侧链，Liquid网络可以为匹配的价值提供交换平台，而无须将每一笔交易记录到比特币区块链的主链上。虽然此类侧链网络能以快捷且低成本的方式完成交易，但Liquid网络是一个基于受信实体的私有区块链网络，并非像比特币网络那样完全去中心化的平台。

不过，由于泰达币等资产可能进行跨链交换，预计未来将出现更多的区块链侧链项目。

13.5 重新定义货币

随着这些数字货币的普及，人们对货币的全新解读指日可待。我们将会见证世界的觉醒——政府发行的传统的货币体系不仅不再适用于现代的数字世界，而且会成为一种迟钝的线性工具，无法准确而有针对性地奖励我们所付出的努力、劳动及关注力。

不管怎么说，货币充其量只是一种神奇的机器，能帮助我们跨越时空及空间传递价值。起初，人类用纸币和硬币创造了这个魔法，然后用一些笨拙的数字来表示它们。进入21世纪后，人类向理想中的未来进军——在那里，有人们目前正在谈论的火星殖民地建设，有完全自动化的交通工具，还有根据基因来量身定制的医学治疗，当代出生的许多婴儿很可能在未来不会使用现金。我们正在一往无前地走向通证化的未来，人类有关价值转移的理解也将出现根本性的转变，而为了适应这种变革，我们必须具备相关的知识及工具，以确保我们可以准确地选择未来想要的生活。

参考文献

[1]Van Wirdum A. 2020 and beyond: Bitcoin's potential protocol upgrades[J]. Bitcoin Magazine, 2020-01-06.